THE EXHIBITION OF
亚洲文明展
ASIAN CIVILIZATIONS

孔子博物馆　中国文物交流中心　编著

文物出版社

图书在版编目（ＣＩＰ）数据

亚洲文明展 / 孔子博物馆, 中国文物交流中心编著. --

北京：文物出版社, 2020.4

ISBN 978-7-5010-6652-0

Ⅰ.①亚… Ⅱ.①孔… ②中… Ⅲ.①文物－亚洲－图集 Ⅳ.①K883.002

中国版本图书馆CIP数据核字(2020)第030825号

亚 洲 文 明 展

编　　著	孔子博物馆	
	中国文物交流中心	
责任编辑	宋　丹　李　睿	
责任印制	张　丽	
装帧设计	雅昌设计中心·北京	
出版发行	文物出版社	
地　　址	北京市东直门内北小街2号楼	
邮　　编	100007	
网　　址	www.wenwu.com	
邮　　箱	web@wemwu.com	
印　　刷	北京雅昌艺术印刷有限公司	
经　　销	新华书店	
开　　本	889×1194　1/16	
印　　张	10.75	
版　　次	2020年4月第1版	
印　　次	2020年4月第1次印刷	
书　　号	ISBN 978-7-5010-6652-0	
定　　价	198.00元	

目录
录

CONTENTS

序言 / PREFACE

展览结构 / EXHIBITION STRUCTURE

鸣谢 / ACKNOWLEGEMENT

序言 一

　　亚洲是太阳升起的地方，是孕育人类文明的热土。从两河流域到长江-黄河流域，从东亚到中亚、西亚，再到南亚，古老亚洲的先民在这片广袤的土地上繁衍劳作、生生不息，在悠长的历史岁月里创造了辉煌的文明成果。人类最早的文字、历法、原始农业均诞生于此，亚洲人民用智慧和汗水谱写了壮丽的英雄史诗。

　　文明因交流而多彩，文明因互鉴而丰富。亚洲各国地域相邻、历史相通，各国人民秉持开放包容的心态，开展文化交流，互学互鉴，启迪智慧，展现了开放的魅力，激发出文明的力量。这种力量穿越时空跨越国界，成为永恒。作为亚洲文明的重要组成部分，中华文明亦是在同其他文明不断交流互鉴中形成的开放体系，历经5000多年的历史变迁，在继承中创新，在创新中发展，为共建亚洲命运共同体、人类命运共同体夯实人文基础。

　　孔子博物馆是宣传展示中华优秀传统文化的重要平台，是孔子思想和儒家文化的集大成之所，此番我们汇聚了来自柬埔寨、巴基斯坦、叙利亚、黎巴嫩、阿联酋、日本等十个亚洲古国的150件珍贵文物，举办《亚洲文明展》，以文物揭示文明、讲述历史，充分展示亚洲文明的风采和魅力，为观众奉上一场独具特色的文化盛宴。这既是一次文化交流的盛会，更是一次与文明共舞的联欢，必将为增进亚洲各国友谊、促进交流互鉴发挥重要作用，必将为弘扬亚洲文明成果、增强中华民族文化自信做出积极贡献！

郭思克
孔子博物馆馆长

Preface I

Asia is the place where the sun rises, a fertile land for human civilization. From the Tigris and Euphrates basins to the Yangtze River and Yellow River basins, from East Asia to Central Asia and West Asia, and to South Asia, the ancient Asian ancestors toiled and produced progeny on this vast land, and created glorious fruits of civilization over a long history. The earliest writing, calendar and infant agriculture of mankind were born here. The Asian people accomplished magnificent heroic epic by virtue of their wisdom and hard work.

Civilizations become more colorful through exchanges, and richer through mutual learning. Countries in Asia are geographically adjacent, sharing historical ties. With an open and inclusive mind, people of Asian countries develop cultural exchanges, and learn from and inspire each other. They have shown the charms of openness and stimulated the power of civilization. This force cuts across time and space constraints and national boundaries to achieve permanence. As a key part of Asian civilization, Chinese civilization is an open system resulting from continued exchange and mutual learning with other civilizations. Following more than 5,000 years of evolution, it has achieved innovative development on the basis of heritage, laying the cultural groundwork for building a community with a shared future for Asia and for mankind.

Confucius Museum is an important vehicle for showcasing and promoting China's outstanding traditional culture. It integrates the achievements of Confucianism and Confucian culture. This exhibition gathers 150 precious cultural relics from ten ancient Asian countries, including Cambodia, Pakistan, Syria, Lebanon, the United Arab Emirates, and Japan. This "Exhibition of Asian Civilizations" is held to reveal civilizations and narrate history through cultural relics, presenting a unique cultural feast of the charms of Asian civilizations for the visitors. As a grand event for cultural exchanges, this exhibition is, moreover, a celebration for civilizations. It will surely play an important role in fostering friendship among Asian countries, promoting exchanges and mutual learning, and contributing to the display of achievements of Asian civilization and a confidence booster to the Chinese nation in culture!

Guo Sike
Director of Confucius Museum

序言 二

　　为追溯亚洲文明的起源与发展历程，描绘亚洲文明对话交流的历史轨迹，更好地表达亚洲悠久灿烂、多元共生的文明特征；为践行习近平主席倡导的文明交流互鉴思想和构建亚洲命运共同体、构建人类命运共同体理念，中国文物交流中心与孔子博物馆联合筹办了此次"亚洲文明展"。本展览汇聚了来自柬埔寨、巴基斯坦、叙利亚、黎巴嫩、阿联酋等国家的150件珍贵文物，展现各文明之间的对话、交流、互鉴的成果，反映地缘相近、文化相亲，和而不同、和平相处的亚洲文化。

　　此次"亚洲文明展"在集中展示孔子思想、弘扬中华优秀传统文化的孔子博物馆举办，实现了一次跨越古今中外文明的对话。

　　巴基斯坦犍陀罗佛像、柬埔寨吴哥神像、叙利亚楔形文字泥板、黎巴嫩椰枣形玻璃瓶……让广大的观众在感受艺术形象的嬗变中去探寻亚洲各民族多元的文化传统，聆听古老丝路商道上娓娓道来的交流互通的动人故事……通过珍贵的文物，让观众感受亚洲文明的深邃与辽阔，由"文物"到"文明"的升华，在启迪滋润的交融中为亚洲命运共同体构建，提供源源不竭的东方智慧。

　　我相信，"亚洲文明展"定会为观众留下深刻而美好的记忆，也将为密切亚洲国家间文化遗产交流合作、增强亚洲文化自信、推动亚洲文明交流互鉴发挥重要作用。同时，中国文物交流中心将继续与中外各文博机构共同努力，为观众奉献更多精彩文化产品；为促进中外文化交流、文明互鉴不断做出新的贡献！

谭平
中国文物交流中心主任

Preface II

Art Exhibitions China and Confucius Museum co-host this "Exhibition of Asian Civilizations" with a view to reviewing the origin and development of Asian civilizations, describing the trajectory of dialogue and exchanges among Asian civilizations, expressing the long-standing, splendid and diversified Asian cultures, and fulfilling the concepts of mutual exchange and learning of culture and the idea of building a community with a shared future for Asia and for mankind as advocated by President Xi Jinping. This exhibition, a showcase of 150 precious cultural relics from such countries as Cambodia, Pakistan, Syria, Lebanon, and the United Arab Emirates, demonstrates the outcomes of dialogue, exchanges and mutual learning among civilizations, and mirrors the Asian culture featuring geographical proximity, cultural similarities, harmony in diversity and peaceful coexistence.

This "the Exhibition of Asian Civilizations", which is held at Confucius Museum devoted to showcasing Confucius' thoughts and promoting the fine traditional culture of China, acts as a dialogue for civilizations, ancient and modern, and Chinese and foreign.

From statues of Gandhāra in Pakistan, Angkor statues in Cambodia, Cuneiform clay tablets in Syria, and date-shaped glass bottles in Lebanon... visitors gain a glimpse into the diverse cultural traditions of ethnic groups in Asia through the evolution of artistic images, and listen to moving stories of exchanges and interaction on the ancient Silk Road... Precious cultural relics enable visitors to perceive the profound and vast Asian civilizations. The sublimation from "relics" to "civilization" affords inexhaustible oriental wisdom for the building of a community with a shared future for Asia in the interaction.

The "Exhibition of Asian Civilizations" is sure to, I believe, leave a deep and pleasant impression on visitors, and also play an important role in fostering exchanges and cooperation in cultural heritage among Asian countries, boosting Asian self-confidence in culture, and promoting exchanges and mutual learning among Asian civilizations. At the same time, Art Exhibitions China will continue to work with Chinese and foreign museology institutions to present more wonderful cultural products for the visitors and contribute to Chinese and foreign cultural exchanges and the mutual learning of civilizations!

Tan Ping
Director of Art Exhibitions China

前言

　　亚洲是世界上面积最广袤、人口与民族最多的大陆，这里有着世界上最古老的文明，在经济、政治、文化和技术等方面都曾领先于世界。

　　亚洲的历史孕育了多种多样的文化艺术、宗教精神、哲学思想，甚至是国家建设的独特智慧；亚洲的人民在探索人与自然、人与社会、人与人的关系中，描绘了博大精深、绚丽多彩的文明画卷。

　　如果我们不了解亚洲的过去，就无法了解它的现在和未来。让我们从历史的源头开启穿越时空的旅程，寻求古人智慧，探源文明之光。

Foreword

Asia is the largest and most populous continent with the most nationalities on the Earth. Being home to the oldest civilizations, it has once led the world in economy, politics, culture and technology over thousands of years.

Asia has a long history, having given birth to a wide variety of cultures, arts, religious spirits, philosophical ideas, and even the unique wisdom for state governance and development. And in exploring the relationships between man and nature, man and society and man to man, the people of Asia have produced a rich and colorful scroll painting of civilizations.

Without understanding its past, you cannot understand its present and future. Now, let's start a time journey to learn about its history, seek out the wisdom of Asian ancients, and identify the origins of Asian civilizations.

文明肇始　和谐共生

　　人类在经过漫长的进化后，从食物的采集者变为了生产者；而农业带来的定居生活又催生了城市的出现，由此沿着大河流域诞生了世界上最早的文明之光。各个文明地域孕育出独特的社会生活、文化艺术和宗教哲学。

Origination of Civilization and Harmonious Coexistence

　　Mankind has morphed from the hunters/gathers of foods into the producers in a long course of constant evolution. The settled lifestyle brought by agricultural development led to the emergence of cities, with the lights of the earliest civilizations on the Earth glittering through the darkness out of the wildness along larger river basins. Each civilization has nurtured its own unique social life, culture, art, religion and philosophy.

文明的火种
Sparks of Civilization

在距今约 10000 年前至 2000 年前的历史长河中，亚洲的两河流域、印度河流域和黄河流域的人类祖先，从采集食物转变为生产食物，农业成为当时人类依赖的主要生活方式。一个崭新的世界展现在人类面前——人类告别了旧石器时代，跨入了新石器时代。

During the period from about 10,000 - 2,000 years ago in the long history of human beings, the sparks of civilization first burst forth on the Mesopotamia (the land between the Tigris and Euphrates), in the Indus Valley and the Yellow River Basin, where human ancestors evolved from living on gathering natural fruits and hunting wild game to producing foods, and in the course, agriculture gradually became the primary way of life over time, completing the epochal transition from the Paleolithic Age to the Neolithic one: ushering in a brand-new era and rushing into a bold new world.

黑石残件
Black Stone (Fragment)

*

公元前 9200 年 - 前 8800 年
9200 B.C. - 8800 B.C.

长 4.8 厘米、宽 4.3 厘米、厚 1.8 厘米
Length 4.8 cm, Width 4.3 cm, Thickness 1.8 cm

叙利亚大马士革国家博物馆藏
National Museum of Damascus

黑石残件上部分布四个等距圆圈，下部分布四条直线，整体被从中间切割。

女性石雕像
Female Figurine

*

公元前 9200 年 - 前 8800 年
9200 B.C. - 8800 B.C.

长 19.2 厘米、宽 7.8 厘米、厚 5.7 厘米
Length 19.2 cm, Width 7.8 cm, Thickness 5.7 cm

叙利亚大马士革国家博物馆藏
National Museum of Damascus

　　此像类似于史前雕刻母神，其脸部特征抽象，站立姿势，双手背
后，腰部、臀部及腿部以波浪弯曲和宽阔的线条形方式展示。

金属色近方形石刻
Mentallic-colored Squarish Stone

*

公元前 9200 年 - 前 8800 年
9200 B.C. - 8800 B.C.

长 5.5 厘米、宽 3.4 厘米、厚 0.7 厘米
Length 5.5 cm, Width 3.4 cm, Thickness 0.7 cm

叙利亚大马士革国家博物馆藏
National Museum of Damascus

　　不规则边缘金属色近方形石刻。一面刻有符号图形和波浪线，并分布有长线条、斜线及十字架式等图案；另一面刻有横向线和纵向线。

石雕动物像
Stone Statue of an Animal

*

公元前 8200 年 - 前 7500 年
8200 B.C. - 7500 B.C.

高 3.2 厘米、宽 2 厘米、厚 1.3 厘米
Length 3.2 cm, Width 2 cm, Thickness 1.3 cm

叙利亚大马士革国家博物馆藏
National Museum of Damascus

　　此件石雕动物像缺失一角和尾巴，四肢明显，头部、身长和前肢布有黑点，可能因焚烧而致。

石雕动物残像
Stone Statue of an Animal with a Broken Horn

*

公元前 8200 年 - 前 7500 年
8200 B.C. - 7500 B.C.

高 3.2 厘米、宽 2 厘米、厚 1.3 厘米
Length 3.2 cm, Width 2 cm, Thickness 1.3 cm

叙利亚大马士革国家博物馆藏
National Museum of Damascus

此件石雕动物残像角破裂、四肢短、依形状看可能是只山羊，小巧可爱。

锥形人像
Pyramid-like Human Figurine

*

公元前 8200 年 - 前 7500 年
8200 B.C. - 7500 B.C.

长 3.3 厘米、宽 2 厘米、厚 1.5 厘米
Length 3.3 cm, Width 2 cm, Thickness 1.5 cm

叙利亚大马士革国家博物馆藏
National Museum of Damascus

此锥形人偶似端坐的抽象人形，两腿上盘。

石斧
Stone Axe

＊

公元前 7500 年 - 前 5500 年
7500 B.C. - 5500 B.C.
长 7 厘米、宽 4 厘米、厚 2 厘米
Length 7 cm, Width 4 cm, Thickness 2 cm
叙利亚大马士革国家博物馆藏
National Museum of Damascus

此件石斧光滑润泽，黑、白、灰色相间，两侧边缘锋利。

矩形印章
Rectangular Seal

*

公元前 7500 年 - 前 5500 年
7500 B.C. - 5500 B.C.

长 2.5 厘米、宽 2.1 厘米、厚 2 厘米
Length 2.5 cm, Width 2.1 cm, Thickness 2 cm

叙利亚大马士革国家博物馆藏
National Museum of Damascus

矩形印章上面刻有几何图形，悬挂处有一小孔，整体呈金字塔形状。

三角形灰色印章
Triangular Gray Seal

*

公元前 7500 年 - 前 5500 年
7500 B.C. - 5500 B.C.

长 4.1 厘米、宽 2.7 厘米、厚 1.2 厘米
Length 4.1 cm, Width 2.7 cm, Thickness 1.2 cm

叙利亚大马士革国家博物馆藏
National Museum of Damascus

此件三角形灰色印章，顶部为一光滑的悬挂小孔，底部中心刻有竖形长线及不规则横线图案。

近方形印章
Squarish Seal

*

公元前 7500 年 - 前 5500 年
7500 B.C. - 5500 B.C.

长 1.6 厘米、宽 1.7 厘米、厚 1.1 厘米
Length 1.6 cm, Width 1.7 cm, Thickness 1.1 cm

叙利亚大马士革国家博物馆藏
National Museum of Damascus

此件近方形印章，上方带有悬挂孔，底部刻有网格图案，整体似金字塔形状。

燧石箭头
Flint Arrowhead

*

公元前 5000 年 - 前 4000 年
5000 B.C. - 4000 B.C.

长 6.22 厘米、宽 1.2 厘米、厚 0.5 厘米
Length 6.22 cm, Width 1.2 cm, Thickness 0.5 cm

阿拉伯联合酋长国乌姆盖温 2 号遗址
Umm Al Quwain No. 2 site, United Arab Emirates

阿拉伯联合酋长国乌姆盖温国家博物馆藏
National Museum of Umm Al Qwain

　　此箭头为燧石磨制而成，配合木质箭柄一起使用。该箭头一端缩小，方便固定在箭杆上；另一端从中部至尖处逐渐缩小变得锋利，用于攻击目标。箭头两侧的箭刃刻有许多尖刺，可增大空气摩擦力，增加杀伤力。

文明的集聚
Prairie Fires of Civilizations

　　大河流域因其平坦的地势、湿润的气候、充足的光热，为农业的发展提供了便利的条件。亚洲大陆上最重要的早期文明都诞生在大河流域沿岸，越来越多的人口在这里集聚，继而进一步形成了城市与国家。

　　With flat terrains, humid climates, and abundant sunshine, these valleys of larger rivers provide suitable conditions for agricultural development, so all the most important early civilizations on the Asian continent sprang up everywhere on the banks of larger rivers. As the populations there swelled, came along earliest cities and nations.

两河流域
The Mesopotamia (the Tigris and Euphrates)

　　世界最早的文明之光出现在烈日蒸晒下的，由底格里斯河与幼发拉底河养育的一片荒原之上——"苏美尔"。大约公元前 3500 年前后这里出现了集聚大量人口的城市与社会权力相对集中的世俗国家。

　　The first ray of civilization dawn came down on the scorching wilderness: Sumer, a vast swath of fertile wasteland sprawling and thriving on the Tigris and Euphrates and emerged here cities with huge populations and secular states with relatively concentrated social powers as early as in around 3500 B.C..

祈祷者雕像
Prayer Figurine

公元前 3000 年
3000 B.C.

长 22.2 厘米、宽 7.5 厘米
Length 22.2 cm, Width 7.5 cm

叙利亚玛丽
Mary, Syria

叙利亚大马士革国家博物馆藏
National Museum of Damascus

　　幼发拉底河沿岸的庙宇中有很多正在祈祷中的男女小雕像。这些小雕像置于庙宇内墙边的椅上，他们分别代表了行政官、官员、登记员、办事员，以及商人等社会富裕阶层的人士。

　　这尊雕像笔直站立，双手紧握，左眼珠是用贝壳和石灰石制作而成，右眼已缺失。其诚挚的眼神、紧闭的双唇、虔诚的姿势，都在传达他祈祷的信息。

镶嵌人物画
A Pieced-together Painting

*

公元前 2500 年
2500 B.C.

长 30 厘米、宽 22 厘米
Length 30 cm, Width 22 cm

叙利亚玛丽
Mary, Syria

叙利亚大马士革国家博物馆藏
National Museum of Damascus

　　这幅装饰画是玛丽城邦寺庙中发现的众多画作之一，由象牙、贝壳、红石灰和片岩组成。动物祭祀是当时在寺庙或庭院举行的庆祝活动的重要组成部分。画面中描绘了两位庆祝者在宗教仪式中准备宰杀一只公羊、将它拍打在地上并转过头的场景。不参与屠宰的人可观看，他们紧握的双手表示祷告。

楔形文字圆筒形碑文
Cylindrical Tablet with Cuneiform Inscription

*

公元前 19 世纪
19th Century B.C.
高 14.7 厘米、宽 10 厘米
Height 14.7 cm, Width 10 cm
美索不达米亚
Mesopotamia
日本平山郁夫丝绸之路美术馆藏
Hirayama Ikuo Silk Road Museum

距今约 5,000 年前，美索不达米亚的苏美尔人发明了楔形文字，这是因为文字的笔画近似于楔形而得名。许多当时的文件流传至今，大部分是契约书、财产清单、收据等资料。这些文件用削尖的芦苇杆压刻于潮湿的粘土板上书写而成，干燥之后的文本能保存相当长的时间。

此碑文是由苏美尔语写就。碑文总共 70 行。主要内容是：强大的辛伊丁纳姆，是乌尔家之子、拉尔萨之王、苏美尔·阿卡德之王、太阳神乌图（阿卡德语称为沙玛什）光辉者的居所神庙的建造者，重振众神神殿祭祀之王而因此受功勋，被众神之王安努、至高之神恩利尔、月亮神南娜和太阳神乌图赋予掌管正义之王位。受众神之命，在底格里斯河畔大兴土木，成功将流水引向首都拉尔萨，直至永远，特立此碑为铭。

楔形文字泥板
Clay Tablet with Cuneiform

*

公元前 1600 - 前 1200 年
1600 B.C. - 1200 B.C.
长 8 厘米、宽 5.1 厘米
Length 8 cm, Width 5.1 cm
叙利亚乌加里特
Ugarit, Syria
叙利亚大马士革国家博物馆藏
National Museum of Damascus

　　此泥板双面都刻有楔形文字，记录了乌加里特国王致塞浦路斯"古代亚洲"的信。乌加里特是古老的国际港都，位于北叙利亚、沿地中海都市拉塔奇亚北方数公里处。考古学家在发掘乌加里特遗址时，发现了大量刻有文字的泥板。这些泥板记录了乌加里特辉煌一时的文明，确认了乌加里特不仅和塞浦路斯有贸易外交关系，还向埃及纳贡。

双面泥板文书
Clay Tablet with double-sided Cuneiform

*

公元前 1600 年 - 前 1200 年
1600 B.C. - 1200 B.C.

长 6.8 厘米、宽 5.7 厘米
Length 6.8 cm, Width 5.7 cm

叙利亚乌加里特
Ugarit, Syria

叙利亚大马士革国家博物馆藏
National Museum of Damascus

　　双面泥板文书一面刻写了三行文字，另一面为一个圆形印章，略呈凹形。

（正面）

（反面）

（正面）   （反面）

双面楔形文字泥板
Clay Tablet with double-sided Cuneiform

*

公元前 1600 年 - 前 1200 年
1600 B.C. - 1200 B.C.

长 5.5 厘米、宽 4.7 厘米
Length 5.5 cm, Width 4.7 cm

叙利亚乌加里特
Ugarit, Syria

叙利亚大马士革国家博物馆藏
National Museum of Damascus

　　楔形文字泥板双面刻有文字。其中一面上方有圆柱形印章，和用
巴比伦楔形文字书写的字样，是哈姆拉语中的文字。

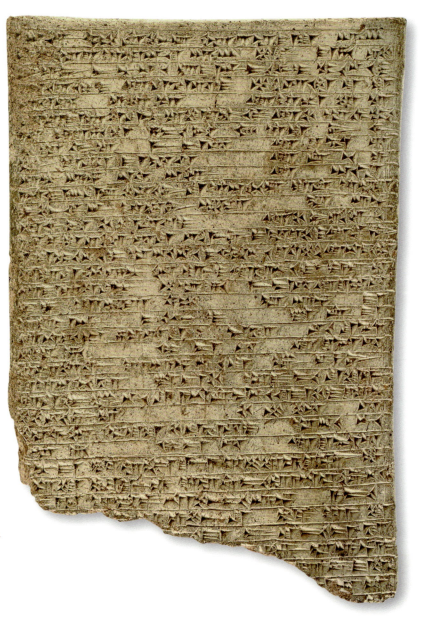

楔形文字黏土版文书
Clay-made Official Document in Cuneiform

*

公元前 1307 - 前 1275 年
1307 B.C. - 1275 B.C.

高 25 厘米、宽 17.5 厘米
Height 25 cm, Width 17.5 cm

美索不达米亚
Mesopotamia

日本平山郁夫丝绸之路美术馆藏
Hirayama Ikuo Silk Road Museum

　　阿达德·尼拉里一世黏土版文书。此碑文是亚述国王阿达德·尼拉里一世（公元前1305 –前 1274年）的指令，于黏土版上镌刻。碑文上写道：他是个伟大的征服者，众神令所有君主都屈膝于他的脚下。下方列举出其先辈们的诸多功绩，同时也记载了他自己的功绩，即下令完成亚述城的"新都大城墙"。黏土版背面刻有众神之咒，凡轻蔑此碑文之人，尽将遭到诅咒。

楔形文字莲花酒杯
Lotus-shaped Wine Cup with Cuneiform Inscription

*

公元前 9 世纪左右
Circa 9th Century B.C.

高 4 厘米、直径 19.1 厘米
Height 4 cm, Diameter 19.1 cm

美索不达米亚
Mesopotamia

日本平山郁夫丝绸之路美术馆藏
Hirayama Ikuo Silk Road Museum

  这是用于宴会、祭礼和献酒仪式的青铜酒杯。这件酒杯非常浅，杯口边缘微微翘起，并且由压制工艺做出了放射状的花瓣纹样。中间的突起称为肚脐（Omphalos），饮酒时用手指钩住此处倾斜酒杯。这种类型的酒杯（Phiale）在阿契美尼德王朝统治下的波斯和希腊化世界中也很受欢迎。它的材质多样，包括陶器、玻璃、黄金和白银。

圆筒印章
Cylindrical Seal

*

公元前 9 - 前 7 世纪
9th - 7th Century B.C.
高 2.9 厘米、宽 1.35 厘米
Height 2.9 cm, Width 1.35 cm
美索不达米亚
Mesopotamia
日本平山郁夫丝绸之路美术馆藏
Hirayama Ikuo Silk Road Museum

　　在古代的美索不达米亚地区，凡约定或决定之事，皆会以楔形文字写在陶土片文书上，文书外还要包裹一层粘土，并在外侧加盖印章封存。古代美索不达米亚的印章种类繁多，圆柱印章就如同一个滚轮一般，在粘土上滚动后使图案形状浮现出来，圆筒形的珍稀宝石上刻有连续的文字。图案为斯芬克斯及人脸牛身英勇战斗之人（英雄）。

青铜腰带
Bronze Waist Belt

*

公元前 9 - 前 7 世纪
9ᵗʰ - 7ᵗʰ Century B.C.
长 110 厘米、宽 9 厘米
Length 110 cm, Width 9 cm
土耳其
Turkey
日本平山郁夫丝绸之路美术馆藏
Hirayama Ikuo Silk Road Museum

　　青铜腰带是在薄薄的青铜板上錾刻出纤细的纹样。据推测，应该是以动物皮革为底衬錾刻而成，表面刻有代表马和山羊的狩猎场景图案。公元前九世纪至公元前七世纪，在今天的俄罗斯南部高加索至土耳其安纳托利亚地区，曾经出现过一个繁荣而强大的乌拉尔图王国，一度曾与亚述帝国争雄称霸。

地母神像
Statue of Mother Goddess

*

公元前 2000 - 前 1900 年
2000 B.C. - 1900 B.C.

高 8.5 厘米
Height 8.5 cm

阿富汗
Afghanistan

日本平山郁夫丝绸之路美术馆藏
Hirayama Ikuo Silk Road Museum

　　此尊地母神像出土自阿富汗北部至中亚南部一带的巴克特里亚。
这尊石像是用滑石和绿泥石等暗色系石头制成头发、头饰和身体，再
分别以白色大理石和石灰岩制成头部和手臂，然后组合而成。这种组
合手法有效地利用了不同材料的色彩对比。有一种观点认为，女神服
饰上的花纹是被简化过的。

牛形容器
Ox-shaped Vessel

*

公元前 2000 - 前 1900 年
2000 B.C. - 1900 B.C.
高 6.2 厘米、宽 17 厘米
Height 6.2 cm, Width 17 cm
阿富汗
Afghanistan
日本平山郁夫丝绸之路美术馆藏
Hirayama Ikuo Silk Road Museum

　　此件牛形容器通常被称化妆品壶或化妆品罐，是在古巴克特里亚
地区至中亚南部一带出土的文物。其与镜子、青铜印章以及纺纱车等
文物，均为一位女性的陪葬品。

　　根据对化妆品壶中的残留物质进行分析，可推测出里面是用木炭
作为着色剂的铅化合物颜料。这是源自古埃及的一种传统化妆品，可
用于在眼角描绘出夸张的黑色眼线。

山羊纹杯
Cup with Goat Design

*

公元前 2000 - 前 1900 年
2000 B.C. - 1900 B.C.

高 5.9 厘米
Height 5.9 cm

阿富汗
Afghanistan

日本平山郁夫丝绸之路美术馆藏
Hirayama Ikuo Silk Road Museum

　　薄银片锻制而成的圆柱形酒杯。酒杯上雕刻的是一幅山羊吃草图，羊儿们吃着草登上山坡的场景活灵活现。展现出了一种动物们悠然自得的田园风光。

山羊纹带底座深钵
Deep Bowl with Holder and Goat Design

*

公元前 3200 年左右
Circa 3200 B.C.

高 19.2 厘米
Height 19.2 cm

伊朗
Iran

日本平山郁夫丝绸之路美术馆藏
Hirayama Ikuo Silk Road Museum

　　深钵是用质地细腻的陶土而作，旋转成形后在外表加一层米色的
陶衣。底座与钵身分开制作，再组合为一体。钵身使用黑褐色颜料，
以几何图形拼接成的花纹中间绘有一只山羊，刻意夸大的山羊角象征
丰收，羊角中的圆形花纹则代表太阳。

鸟纹广口壶
Broad-rim Pot with Bird Design

*

公元前 1500 - 公元前 1200 年
1500 B.C. - 1200 B.C.
高 25.6 厘米
Height 25.6 cm
伊朗
Iran
日本平山郁夫丝绸之路美术馆藏
Hirayama Ikuo Silk Road Museum

　　此广口壶是用黑褐色的颜料在米色的陶衣上施以彩纹制作而成。在器身的中间部分，有由格子纹、市松纹、菱形纹等几何学图形组合而成的装饰带，其间描绘了多只鸟，驻足之处为一个三角形，容易让人联想到那是一处山顶。器口周围点缀有由半圆相连而成的圆形纹饰。专家认为，该器物是完成于青铜时代末期。

公牛形来通
Ox-shaped Rhyton

*

公元前 10 - 前 8 世纪左右
Circa 10th - 8th Century B.C.

高 26.5 厘米
Height 26.5 cm

伊朗
Iran

日本平山郁夫丝绸之路美术馆藏
Hirayama Ikuo Silk Road Museum

　　仿造端坐的公牛形状制作的棕色抛光陶器。背部有一根细长的壶嘴，前腿的膝盖部位各开着小孔。前额和脖子周围刻着小三角形，并用白色颜料填充装饰。

独角兽形来通
Unicorn-shaped Rhyton

*

公元前 10 - 前 8 世纪左右
Circa 10th - 8th Century B.C.

高 22.8 厘米
Height 22.8 cm

伊朗 - 南高加索地区
Iran - South Caucasus

日本平山郁夫丝绸之路美术馆藏
Hirayama Ikuo Silk Road Museum

看上去令人想起山羊或者绵羊这类草食兽，但由于只有一只突起的长角，所以应当是一种虚幻的独角兽。背上有一条垂直的壶嘴，壶口上有一个小孔。颈部和躯干上刻有绫杉纹以及斜线，胸部和臀部各有两处圆形图案。

人形陶器
Human-shaped Pottery Vessel

*

公元前 10 - 前 8 世纪左右
Circa 10th - 8th Century B.C.

高 30.5 厘米
Height 30.5 cm

伊朗西北部阿姆拉什
Amrash, Northwest Iran

日本平山郁夫丝绸之路美术馆藏
Hirayama Ikuo Silk Road Museum

  在伊朗，很少会用泥土来仿造人或神的形象进行造型，更多的则
是动物造型。然而，在早期铁器时代（约公元前1000年前后）的遗址
中，就已发现了许多表现人类形象的独特形状的陶器，例如祈祷丰收
和多产的女神像，以及手捧酒器的人物造像等。

  这种突出丰腴的腰部、双手放在乳房下方的造型，被认为是掌管
物产丰收的地母神形象。四肢被简化，从头部到躯干、腿部都是中空
的圆柱体。

动物纹祭具
Ritual Implement with Animal Design

*

公元前 10 - 前 8 世纪左右
Circa 10th - 8th Century B.C.
高 21 厘米、宽 10 厘米、厚 1.8 厘米
Height 21 cm, Width 10 cm, Thickness 1.8 cm
伊朗
Iran
日本平山郁夫丝绸之路美术馆藏
Hirayama Ikuo Silk Road Museum

　　伊朗高原拥有得天独厚的矿产资源，很早以前就出现了发达的冶金技术。特别是在伊朗西部的洛雷斯坦地区，出土了大量的青铜制品。这件动物纹祭具想必就是洛雷斯坦地区的酋长或战士墓中的陪葬品，它在体现先进的铸造技术和富有创意的动物构思方面颇具特色。

牛形来通
Ox-shaped Rhyton

*

公元前 10 – 前 8 世纪左右
Circa 10th - 8th Century B.C.

高 16.2 厘米
Height 16.2 cm

伊朗西北部 - 安纳托利亚
Northwest Iran - Anatolia

日本平山郁夫丝绸之路美术馆藏
Hirayama Ikuo Silk Road Museum

　　自阿契美尼德波斯帝国时代到帕提亚时代，西亚地区诞生过无数
以动物为主题的素烧陶器。虽然外形与材质不尽相同，但都属于酒宴
或仪式专用的祭器。此件古希腊来通取形于公牛，斟酒之时美酒可以
从公牛前腿之间的小孔注入酒杯。
　　也许古代游牧民族认为从动物形状的器物流出的美酒拥有某种神
秘的力量。

动物形陶器
Animal-shaped Pottery Vessel

*

公元前 10 - 前 8 世纪左右
Circa 10th - 8th Century B.C.

高 16.8 厘米
Height 16.8 cm

伊朗西北部 - 安纳托利亚
Northwest Iran - Anatolia

日本平山郁夫丝绸之路美术馆藏
Hirayama Ikuo Silk Road Museum

　　到了帕提亚时代，随着金属器皿的普及，陶器逐渐失去了作为祭器的价值，但是以动物为造型的艺术传统却一直在古代西亚地区源远流长。浅褐色的陶衣底色反衬出缰绳与马颔缰的鲜红色，肚带上还系着三角纹饰的马鞍。

彩釉花瓣纹壶
Color-glazed Pot with Petal Design

*

公元前 9 - 前 8 世纪
9ᵗʰ - 8ᵗʰ Century B.C.
高 18.5 厘米
Height 18.5 cm
伊朗西北部
Northwest Iran
日本平山郁夫丝绸之路美术馆藏
Hirayama Ikuo Silk Road Museum

    这是曼努亚人留下的器物，保存最为完好。从公元前9世纪初至公元前7世纪，曼努亚人与亚述和周边国家之间斗争不断，在这一文化的影响下，缔造出了一段辉煌的岁月。器物颈部与器身被施以蓝釉，肩部施以蓝白黄三色花瓣图纹在黄色的底色之上，颜色极好。

牛纹嘴形注口壶
Pot with Mouth-shaped Spout and Ox Design

*

公元前 9 - 前 8 世纪
9th - 8th Century B.C.
高 22 厘米、长 32 厘米
Height 22 cm, Length 32 cm
伊朗
Iran
日本平山郁夫丝绸之路美术馆藏
Hirayama Ikuo Silk Road Museum

　　这是带有鸟嘴般细长喙状壶嘴的壶罐。这是铁器时代早期（公元前1200 – 700年前后）独具伊朗特征的器物形状。这种壶嘴不仅出现在陶器上，在同时期生产的青铜器上也很常见。它应当是在仪式中作为倒酒的祭祀器具。

　　扁平的壶罐上伸出一个长嘴形状的壶嘴，通身染成艳丽的暗红色。在壶嘴的根部和喙形壶嘴处绘有锯齿纹和格子纹，后方的手柄周围有矩形几何图案，壶身两侧的表面画有带翼公牛的图案。

釉面砖
Glazed Brick

*

公元前 8 世纪
8th Century B.C.

高 34.5 厘米
Height 34.5 cm

伊朗西北部
Northwest Iran

日本平山郁夫丝绸之路美术馆藏
Hirayama Ikuo Silk Road Museum

就像巴比伦尼亚的伊什塔尔城门，以及波斯的阿契美尼德王朝苏萨王宫一样，早在公元前2000年，美索不达米亚就已经十分盛行以彩色釉面砖装饰墙壁。公元前13世纪至12世纪，伊朗西南部繁荣发展的埃兰王国，在美索不达米亚文化的影响下，制作出了伊朗最古老的彩釉制品。据说，本藏品正是出土于伊朗西北部。应当是用来装饰神殿或者宫殿墙面的。底色为鲜艳的蓝色、黄色或者白色的釉面上描绘着人类和动物结合而来的精灵形象，整个构图可以看出典型的亚述文明痕迹。

印度河流域
The Indus Valley

　　印度河流域文明在公元前 2500 年前后达到成熟期，相较于当时世界上其他地区的早期文明，印度河流域文明相对保守，具有浓厚的宗教色彩。历史上的古印度文明区域包括今天的印度、巴基斯坦、孟加拉、尼泊尔、乃至阿富汗南部，其核心区域是印度河流域。

　　The Indus Valley Civilization reached maturity around 2500 B.C. compared with early civilizations in other parts of the world at the time, the Indus Valley Civilization was conservative and tainted with distinct religious hues. With the Indus Valley as its stronghold, the Civilization commanded a vast region of influence, extending from today's India, Pakistan, Bangladesh and Nepal farther to southern Afghanistan.

女性陶塑像
Terracotta Female Human Figurine

*

公元前 3000 年
3000 B.C.
长 10.3 厘米、宽 3.5 厘米
Length 10.3 cm, Width 3.5 cm
巴基斯坦美赫尕尔
Mehrgarh, Pakistan
巴基斯坦考古与博物馆司藏
Department of Archaeology and Museums, Government of Pakistan

　　早在公元前8000年左右，巴基斯坦西南部俾路支省的美赫尕尔（Mehrgarh）已经出现了人类定居点，是南亚留有农耕和放牧生活痕迹的最古老的遗址之一。

　　这尊陶制女神像丰满的乳房和宽大的臀部暗示其与生育力、创造力有关。她端坐的仪态、丰满的胸部和繁复的发型体现了当地流行的风格。神像立体感十足，长发垂下，五官逼真，发髻之间的发饰清晰可见。女神突起的双目，高挺的鼻梁，微微翘起的嘴唇引人注目。

彩绘陶罐
Terrocotta Painted Jar

*

公元前 2700 年 - 前 2400 年
2700 B.C. - 2400 B.C.
直径 12.9 厘米、深 13 厘米
Diameter 12.9 cm, Depth 13 cm
巴基斯坦俾路支省宁道瑞遗址
Nindowari site, Balochistan, Pakistan
巴基斯坦考古与博物馆司藏
Department of Archaeology and Museums, Government of Pakistan

　　库里文化盛行于公元前2700年至前2400年前后，俾路支省的宁道瑞（Nindowari）遗址是最大的库里文化遗址之一。

　　此罐上绘有被拴在树前植物上的公牛。陶罐上的空白处绘有各种符号，这是库里文化中常见的风格。陶罐表面的图案由菩提树叶装饰的两栏分成了两个部分。陶罐肩部绘有被黑色线条环绕的波浪线、颈部、肩部和腹部上还绘有三条棕色宽带。图案展现出丰富的农业景观。

彩绘陶罐
Terrocotta Painted Jar

*

公元前 2600 年 - 前 1800 年
2600 B.C. - 1800 B.C.
直径 38 厘米、深 35 厘米
Diameter 38 cm, Depth 35 cm
巴基斯坦瑙哈罗
Nausharo, Pakistan
巴基斯坦考古与博物馆司藏
Department of Archaeology and Museums, Government of Pakistan

　　在巴基斯坦俾路支省，伴随着农业的发展，制陶业开始兴盛。有
些陶器是简洁明快的纯色，有些陶器上绘有五彩斑斓的几何图案，图
案包括同心圆、三角形等。除了几何图案外，为了强调某些陶器的重
要性，陶器外部还绘有包括鱼在内的各种动物以及花卉图案。拟人化
的动物和其他生灵的图案也很常见。

　　这尊浑圆陶罐颈部绘有多圈的线条，线条下方则是一条由三角形
相连而成的波浪状图案。陶罐上还绘有一头站立着的公牛。

石雕男性半身残像
Headless Male Sculpture in Stone

*

公元前 2500 年 - 前 1800 年
2500 B.C. - 1800 B.C.

长 28 厘米、高 22 厘米
Length 28 cm, Height 22 cm

摩亨佐 - 达罗
Moenjodaro

巴基斯坦考古与博物馆司藏
Department of Archaeology and Museums, Government of Pakistan

　　在1920年，人们在当时的英属印度旁遮普省（现为巴基斯坦）发现了印度河文明的首个遗址：哈拉帕（Harappa）遗址，因此印度河文明也被称为哈拉帕文明。哈拉帕遗址及随后被发现的摩亨佐–达罗（Moenjodaro）遗址是两大最重要的发现。在摩亨佐–达罗晚期遗址中挖掘出的石雕人像寥寥可数，这些石像可能代表非常重要的人物，甚至是神灵。

　　这座男性石雕像左腿盘起而坐，这可能是当时最优雅的坐姿，也可能象征着这位男性尊贵的地位。雕像的头部缺失、裸露的右臂自然垂下，长袍覆盖的左臂则紧贴着身体。

陶瓮棺
Terracotta Burial Pot

*

公元前 1000 年
1000 B.C.
直径 37.5 厘米、深 36 厘米
Diameter 37.5 cm, Depth 36 cm
巴基斯坦扎里夫科鲁纳
Zarif Koruna, Pakistan
巴基斯坦考古与博物馆司藏
Department of Archaeology and Museums, Government of Pakistan

　　犍陀罗墓葬文化的陶像大多制作简单，其他饰品也只做简单的点
状装饰。这件陶器形状浑圆，体型较大，有开口，底部变窄。陶器有
三个装饰孔，分别代表死者的眼睛和嘴巴，配有黏土捏制而成的鼻子
和眉毛。

马形柄器盖
Lid with Horse Shaped Handle

*

公元前 1000 年
1000 B.C.

直径 32.5 厘米
Diameter 32.5 cm

巴基斯坦考古与博物馆司藏
Department of Archaeology and Museums, Government of Pakistan

公元前1500年，雅利安人迁入印度次大陆。这支来自中亚的游牧民族越过印度库什山脉，融入了印度河流域文明。彼时当地人从未驯养过马匹，雅利安人将驯养的马匹带到这里，改变了当地人的生活方式。公牛是印第安文明的支柱，而马对当地人来说是外来物种。这件陶盖上出现的马形把手具有重要意义，反映了马在印度河流域文明后期人们生活中的作用。

第二部分

兼收并蓄　多元共生

古典文明不断向外延伸，庞大帝国不断兴起，统一而辽阔的疆域使亚洲大陆各地区逐渐连结起来。不同区域的文化交汇碰撞出新的火花，使原有的文化内涵更为丰富，文明生命力更加强大。

Inclusiveness and Diversification

As classical civilizations continued to extend outwards, and strong empires constantly sprang up, unified and vast territories gradually merged and overlapped with each other, linking various parts on the Asian continent. The infiltration and collision of various regional cultures created new sparks, enriching connotations of original ones and injecting new vigor and vitality to classical civilizations.

陆地与海洋的交错
Rivalry between Inland and Seaborne Empires

约公元前 1200 年前后，赫梯、亚述与埃及三大帝国之间常年征战不休，国力日渐式微。闪米特人趁此机会掀起了入侵浪潮：腓尼基人占领了地中海沿岸一带，阿拉米人占据了叙利亚北部、巴勒斯坦和美索不达米亚北部，希伯来人占有了巴勒斯坦和叙利亚南部。

Due to endless wars, three most powerful empires: Hittite, Assyria and Egypt were on the decline from around 1200 B.C. onwards, and the Semites seized the opportunity to launch massive invasions, with the Phoenicians occupying the Mediterranean coastal region, the Aramis taking possession of northern Syria, the northern of Palestine and Mesopotamia, and the Hebrews conquering the south of Palestine and Syria.

彩绘陶头像
Ceramic Painted Head

*

青铜时代
Bronze Age
长 22.5 厘米、宽 14.5 厘米、厚 1.2 厘米
Length 22.5 cm, Width 14.5 cm, Thickness 1.2 cm
黎巴嫩吉耶
Jiyeh, Lebanon
黎巴嫩文物局藏
Directorate General of Antiquities - Lebanon

结合迈锡尼、腓尼基以及埃及人物特征的彩绘陶头像。面部五官清晰，双耳较大，眉眼细长，鼻子力挺。

象形文字石碑
Stela with Hieroglyphic Inscription

*

青铜时代
Bronze Age
宽 32 厘米、高 60 厘米、厚 14 厘米
Width 32 cm, Height 60 cm, Thickness 14 cm
黎巴嫩比布鲁斯
Byblos, Lebanon
黎巴嫩文物局藏
Directorate General of Antiquities - Lebanon

　　石碑中的人物为埃及风格，侧面正身站立，双手抬起，做供奉姿势。

红陶杯
Terracotta Cup

*

青铜时代
Bronze Age

高 7.4 厘米、直径 6.8 厘米
Height 7.4 cm, Diameter 6.8 cm

黎巴嫩泰尔阿卡
Tell Arka, Lebanon

黎巴嫩文物局藏
Directorate General of Antiquities - Lebanon

　　此件红陶杯杯口略有褶皱，瓶颈短小，有刻印，杯身呈锥体、杯口和杯身之间有把手，基部扁平。杯身饰有红色纵向条纹。

雪花石膏瓶
Alabastrine Bottle

*

青铜时代
Bronze Age
高 17.5 厘米、厚 4 厘米、直径 14.5 厘米
Height 17.5 cm, Thickness 4 cm, Diameter 14.5 cm
黎巴嫩卡梅尔埃洛兹
Kamed el Loz, Lebanon
黎巴嫩文物局藏
Directorate General of Antiquities - Lebanon

　　雪花石膏瓶起源于公元前11世纪的埃及，是一种用于盛放香水或按摩油的小瓶，因埃及人常用雪花石膏制作，故得此名。但不限于该材质，也有陶瓶和玻璃瓶。古希腊人将这种香油瓶广泛传播到古代世界各地。

单耳瓶
Jug with Handle

*

青铜时代
Bronze Age
高 26.2 厘米、厚 2.1 厘米、直径 17 厘米
Height 26.2 cm, Thickness 2.1 cm, Diameter 17 cm
黎巴嫩卡梅尔埃洛兹
Kamed el Loz, Lebanon
黎巴嫩文物局藏
Directorate General of Antiquities - Lebanon

　　此花岗岩单耳瓶表面光滑，瓶颈较高、瓶身呈球状，体现出较高
的制作工艺。卡梅尔埃洛兹即是阿玛尔纳文书（Amarna Letter）中所
提到的库米底（Kumidi）城，替埃及法老监管南黎凡特王的督察官便
驻扎于此。

红陶罐
Pottery

*

铁器时代 II
Iron Age II
高 37 厘米、直径 31 厘米
Height 37 cm, Diameter 31 cm
黎巴嫩泰尔拉希迪
Tell Rachidieh, Lebanon
黎巴嫩文物局藏
Directorate General of Antiquities - Lebanon

　　同心圆的装饰源自塞浦路斯红底黑纹陶罐，随后也出现在白底陶罐上，通常在陶罐的颈部和肩部装饰2至6个同心圆，外圈笔触较粗。腓尼基人有时也以塞浦路斯陶罐为粉本制作陶罐，此双耳陶罐的装饰便是塞浦路斯风格。

大理石雕孩童像
Marble Statue of a Child

*

公元前 4 世纪中期
Mid 4th Century B.C.
长 47 厘米、宽 21 厘米、高 40 厘米
Length 47 cm, Width 21 cm, Height 40 cm
黎巴嫩厄舒蒙神庙
Temple of Eshmun, Lebanon
黎巴嫩文物局藏
Directorate General of Antiquities - Lebanon

此件孩童像附有残破的底座。孩童的短发略带波浪状、左脚遗失、左腿向后蜷于身下，右膝向上抬起；他倚靠左臂，左手握拳撑于地面；右手置于右膝，手中拿着一只鸟。

无底足釉陶盘
Baseless Porcelain Plate

*

公元前 1600 年 - 前 1200 年
1600 B.C. - 1200 B.C.

高 4.5 厘米、直径 13 厘米
Height 4.5 cm, Diameter 13 cm

叙利亚乌加里特
Ugarit, Syria

叙利亚大马士革国家博物馆藏
National Museum of Damascus

　　此陶盘是在埃及制作并出口至乌加里特的。陶盘内壁绘有衔着莲花的鱼，盘底也绘有莲花。

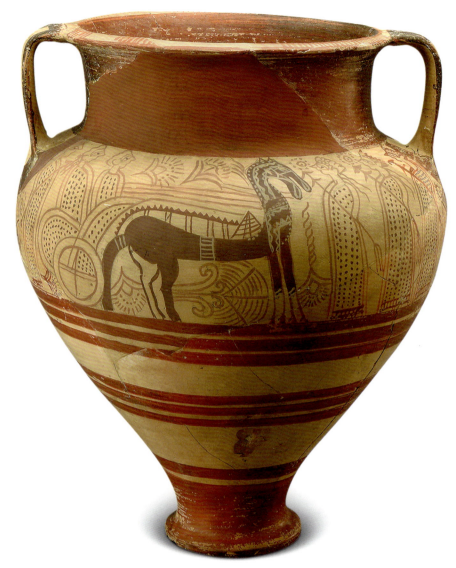

彩绘马车纹陶罐
Painted Pottery Jar Featuring a Cart

*

公元前 1600 - 前 1200 年
1600 B.C. - 1200 B.C.
高 43 厘米、直径 37.6 厘米
Height 43 cm, Diameter 37.6 cm
叙利亚乌加里特
Ugarit, Syria
叙利亚大马士革国家博物馆藏
National Museum of Damascus

　　此件陶罐粗口、颈肩部有双耳、鼓腹、窄圆底部。口颈部和底部
表面涂有砖红色，腹部绘有多圈粗线条，上部有简洁干净的线条图案，
最引人注目的是一只类似马的动物图案。陶罐整体呈倒三角形状。

双耳铜罐
Glazed Bronze Jar

*

公元前 1000 年
1000 B.C.
长 7.6 厘米、宽 2.6 厘米
Length 7.6 cm, Width 2.6 cm
叙利亚阿姆里特
Amrit, Syria
叙利亚大马士革国家博物馆藏
National Museum of Damascus

　　出土于阿姆里特遗址的铜罐。圆形双耳，器身装饰有繁复的图案，
尖底。

石圆筒印章
Schist Stone Cylindrical Seal

*

公元前 3000 年 - 前 2000 年
3000 B.C. - 2000 B.C.
长 4.1 厘米、直径 1.2 厘米
Length 4.1 cm, Diameter 1.2 cm
阿拉伯联合酋长国泰尔 · 阿布拉克遗址
Tell Abraq site, United Arab Emirates
阿拉伯联合酋长国乌姆盖温国家博物馆藏
National Museum of Umm Al Qwain

　　此印章于1989 年出土于阿拉伯联合酋长国泰尔·阿布拉克遗址，为圆筒形。上图左为印章右为印纹。印章表面刻有连续的图案纹样，使用者可以通过推滚印章盖印。这种圆筒形印章于公元前4000 年－前1000 年间在近东地区广泛流行，苏萨等伊朗西南地区也有类似的实物。上面的图案与伊朗苏萨发现的埃兰中期（公元前1500年至前1000年）大批印章上的图案相似。

绿泥石容器
Chlorite Vessel

*

铁器时代
Iron Age
长 7.2 厘米、口部直径 6.2 厘米
Length 7.2 cm, Diameter of mouth 6.2 cm
阿拉伯联合酋长国泰尔 · 阿布拉克遗址
Tell Abraq site, United Arab Emirates
阿拉伯联合酋长国乌姆盖温国家博物馆藏
National Museum of Umm Al Qwain

　　此容器出土于阿拉伯联合酋长国泰尔·阿布拉克遗址，其年代大致在公元前300年左右的铁器时代晚期。器皿整体呈圆筒形，底部略宽，上部略窄，容器表面中部以下有环绕器身的几何形状刻线，上部则刻有上下两排中间带点的圆圈。在这一遗址中发现的大量石器、象牙器上都有相似的装饰纹样和刻线手法，可见其工艺之成熟。

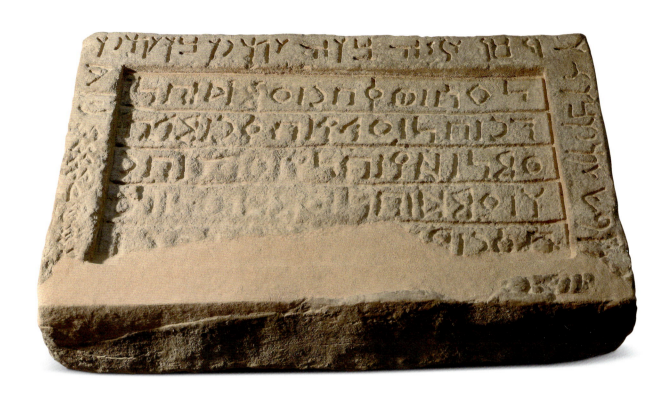

葬礼铭文石膏板（复制品）
Lime Plaster Block with Funerary Inscription (Replica)

*

公元前 3 世纪末
Late 3rd Century B.C.
宽 87 厘米、高 52 厘米、厚 16 厘米
Width 87 cm, Height 52 cm, Thickness 16 cm
阿拉伯联合酋长国米雷哈
Mleiha, United Arab Emirates
阿拉伯联合酋长国沙迦考古总机构藏
Sharjah Archaeology Authority

　　这块刻有铭文的石膏板（原件）是在米雷哈的一座大型墓穴中被发现的。其中央的铭文用阿拉伯北部方言写就，主要内容是一个名叫阿穆德（Amud）的人为其父建造了一座墓碑。父子俩都曾是阿曼国王手下的检查官。石膏板边缘的亚拉姆语铭文基本在重复这一内容，但多了一个日期90 或97。该墓志铭首次提到了阿曼王国。

双耳釉陶瓶
Pottery Vase

*

公元前 2 - 前 1 世纪
2nd - 1st Century B.C.

直径 35.1 厘米、底径 15.28 厘米、高 52.80 厘米、口径 18.37 厘米
Diameter 35.1 cm, Bottom diameter 15.28 cm, Height 52.80 cm, Diameter of mouth 18.37 cm

阿拉伯联合酋长国米雷哈
Mleiha, United Arab Emirates

阿拉伯联合酋长国沙迦考古总机构藏
Sharjah Archaeology Authority

　　此类大型釉陶瓶，配有装饰性手柄、瓶颈和瓶肩带有罗纹和条纹
装饰。这种绿黄渐进色的釉面花瓶在阿曼半岛很受欢迎，多发现于米
雷哈地区的陪葬品中，有时一起出土的还有滤酒器、长柄勺或碗。这
类陶瓶可能是用于盛酒的容器。和米雷哈的多数釉面陶器一样，这类
陶瓶也是从美索不达米亚南部（伊拉克）进口的。

石水槽形器
Stone Spout

*

公元 1 世纪
1st Century A.D.

高 10 厘米、直径 25.5 厘米
Height 10 cm, Diameter 25.5 cm

阿拉伯联合酋长国艾杜尔遗址
Ed - Dour site, United Arab Emirates

阿拉伯联合酋长国乌姆盖温国家博物馆藏
National Museum of Umm Al Qwain

　　此水槽形的器物是在阿拉伯联合酋长国境内规模最大的古代遗址之一艾杜尔遗址中发现的。水槽由三足支撑起的一个圆盘构成，圆盘的一边开出，用于水口，侧面刻有三角形纹，足上以同样手法刻画平行线纹。在阿拉伯半岛还发现了很多与之年代和器形极其相似的水槽。另有学者认为这有可能是古人在祭祀中用来献祭小型动物的祭坛。

青铜灯
Bronze Lamp

*

公元 1 世纪
1ˢᵗ Century A.D.
长 13.3 厘米
Length 13.3 cm
阿拉伯联合酋长国艾杜尔遗址
Ed - Dour site, United Arab Emirates
阿拉伯联合酋长国乌姆盖温国家博物馆藏
National Museum of Umm Al Qwain

　　此铜灯出自阿拉伯联合酋长国乌姆盖温海岸的港口城市艾杜尔。
铜灯由灯柄、灯身与灯嘴组成，整体形状如一盏小茶壶。灯身顶部有
圆形注油孔，原本应配盖。灯体一头有突出的灯口，开口较宽，用于
安插连接灯体内灯油的灯芯。环形灯柄上还附加了U字型结构。

　　从整体造型上看，这盏青铜灯与古罗马时期早期油灯极为相似。
古罗马文献曾记载艾杜尔是当时重要的对外贸易城市之一，艾杜尔的
考古遗存证实了当地与地中海地区有着广泛的物质文化交流。

玛瑙挂饰

Gemstone Stone

*

公元 1 世纪

1st Century A.D.

长 20.5 厘米

Length 20.5 cm

阿拉伯联合酋长国艾杜尔遗址

Ed - Dour site, United Arab Emirates

阿拉伯联合酋长国乌姆盖温国家博物馆藏

National Museum of Umm Al Qwain

　　这件挂饰出土于阿拉伯联合酋长国境内规模最大的古代遗址之一
艾杜尔遗址。由14颗玛瑙料组成，石料打磨精细，质地圆润，有长期
佩戴使用的痕迹，体现了高超的制作工艺。

农耕与草原的交汇
Interaction between Farmers and Nomads

　　各农耕文明中心和周围游牧民族之间的关系非常微妙，游牧民族因其善战有时会被定居民族当做雇佣军，而游牧民族又时常入侵农耕文明建立新的政权统治。二者之间彼此影响，疆域的变化和人口的迁徙同时又带来了文化的交流。

　　There had existed delicate relationships between farming civilization centers and the surrounding nomadic nations. These nomads sometimes served settled farming folks as mercenaries for their martial prowess and also, from time to time, invaded and ransacked these farming societies' newly-established regimes. The two influenced each other, and territorial re-demarcation and population migration also promoted cultural exchanges.

狮头装饰手镯
Bracelet with Decorative Ends of Lion Head

*

公元前 6 – 前 4 世纪
6th - 4th Century B.C.
直径 8.4×9.3 厘米、厚 1.3 厘米
Diameter 8.4×9.3 cm, Thickness 1.3 cm
伊朗
Iran
日本平山郁夫丝绸之路美术馆藏
Hirayama Ikuo Silk Road Museum

　　自古以来，各种饰品除了装饰身体之外，还是一种向周围世人展示自己地位或权力的威望资本。使用金、银、天青石和玛瑙等稀有珍贵的材料，在细小的构思中倾注了高超的技巧。对于经常四处游牧的马背民族而言，这些都是随身配饰、携带的宝贵财富。他们的手镯，一般是做成各种身边亲近熟稔或者想象出来的动物造型。

狮形来通
Lion-shaped Rhyton

*

公元前 3 世纪 - 公元 3 世纪
3rd Century B.C. – 3rd Century A.D.
高 31.5 厘米、长 26 厘米、宽 12.5 厘米
Height 31.5 cm, Length 26 cm, Width 12.5 cm
伊朗
Iran
日本平山郁夫丝绸之路美术馆藏
Hirayama Ikuo Silk Road Museum

　　古希腊来通是在酒宴以及仪式上用来喝酒的容器，在其顶部开有一个倒酒的小孔，既可以通过它向里面注酒，也可以通过它将酒倒入杯中饮用。它起源于古代用动物角做成的角杯，并且由于每一件器物上都绘有动物的图案，因此它似乎还蕴含着一种类似从动物身上获取神秘力量的宗教意义。

　　此尊来通的顶端（包括想象的部分）连着动物的头部以及前半身，上方有注入口，下方则有流出孔。从波斯的阿契美尼德王朝到帕提亚时代，人们制作出了大量各种材质的古希腊来通。

波斯金币
Persian Gold Coin

*

公元前 5 世纪末 - 前 4 世纪初
Late 5th - Early 4th Century B.C.
直径 1.5 厘米、重 8.3 克
Diameter 1.5 cm, Weight 8.3 g
美索不达米亚
Mesopotamia
日本平山郁夫丝绸之路美术馆藏
Hirayama Ikuo Silk Road Museum

　　西亚最早出现的硬币（金属货币），是在公元前7世纪左右，由位于今天土耳其西部繁盛的吕底亚王国发行。公元前6世纪中叶，波斯的阿契美尼德王朝在征服了吕底亚王朝后，控制了既是其首都又是硬币发行地的萨迪斯。

　　经推测，此枚金币最初应该是一种仿吕底亚时代的硬币，但王朝最终还是发行了专有的金币（Dareikos=约8.4克）与银币（Sigros =约5.4克）。金币上面描绘了一位具有帝王之风的人物手持象征着王室权威的长弓和长矛，呈奔跑状的图样，希腊人称其为 "Τοξότης（射手）"。

女性陶塑像
Terracotta Female Figurine

*

公元前 3 - 前 2 世纪
3rd - 2nd Century B.C.
长 11 厘米、宽 4 厘米
Length 11 cm, Width 4 cm
巴基斯坦塔克西拉遗址比尔丘
Bhir Mound, Taxila site, Pakistan
巴基斯坦考古与博物馆司藏
Department of Archaeology and Museums, Government of Pakistan

　　这枚陶像是一个浮雕还愿牌。浮雕中人物（应该是神祇）披肩残留的褶皱仍清晰可见。陶像下半身所穿的衣物似乎是纱丽（sari），精致的头饰已经破损。

青铜勺
Bronze Spoon

*

公元前 2 - 前 1 世纪
2nd - 1st Century B.C.

长 23 厘米、宽 10.5 厘米
Length 23 cm, Width 10.5 cm

巴基斯坦塔克西拉遗址锡尔卡波
Sirkap, Taxila site, Pakistan

巴基斯坦考古与博物馆司藏
Department of Archaeology and Museums, Government of Pakistan

　　在塔克西拉遗址发现的所有勺子都带有希腊罗马风格，让人联想
到公元1世纪塔克西拉被帕提亚占领的时期。这些勺子由铜敲打制成，
分为几种不同类型。此枚青铜勺有一大一小两个头，小头位于勺柄一
端、形制保存完好。

双耳陶罐
Terracotta Double Handled Pot

*

公元前 2 - 前 1 世纪
2nd - 1st Century B.C.

底径 12.5 厘米、高 29 厘米
Bottom diameter 12.5 cm, Height 29 cm

巴基斯坦塔克西拉遗址锡尔卡波
Sirkap, Taxila site, Pakistan

巴基斯坦考古与博物馆司藏
Department of Archaeology and Museums, Government of Pakistan

    人们在塔克西拉古城锡尔卡波的希腊年代地层首次发现了这种小型双耳罐。这些希腊罗马风格的双耳陶罐或双耳瓶可能是在帕提亚统治时期从美索不达米亚进口而来。在赛迦-帕提亚（Saka-Parthian）地层，经常发现当地制作的双耳瓶。这个双耳陶罐是由细腻的红色粘土烧制而成，陶面又刷了一层半透明的深红色。

菩萨头像
Head of Bodhisattva

*

公元 2 - 4 世纪
2nd – 4th Century A.D.
高 32.5 厘米、宽 25 厘米
Height 32.5 cm, Width 25 cm
阿富汗
Afghanistan
日本平山郁夫丝绸之路美术馆藏
Hirayama Ikuo Silk Road Museum

　　从眉间的圆形白毫可以推测出这是一尊菩萨头像。菩萨气场十足，威风凛凛。这种圆形纹样的白毫据说起源于中亚，在阿富汗和甘达拉北边的斯瓦特等地较为常见，但本藏品中以凹陷为中心、被四重同心圆所围绕，乃是极为罕见的珍品。

佛首
Head of Buddha

*

公元 3 - 4 世纪
3rd - 4th Century A.D.
高 27 厘米、宽 15 厘米
Height 27 cm, Width 15 cm
阿富汗
Afghanistan
日本平山郁夫丝绸之路美术馆藏
Hirayama Ikuo Silk Road Museum

佛像头部是用混合了粘土灰泥的粉饰灰泥制作而成。黑墨点睛，唇若丹朱，发际、眼眸、脸部、耳朵等均采用了勾画脸谱似的色彩渲染。耳垂饱满厚实，开有大孔，双眸半阖半开状若冥想，脸上表情呈宁静祥和之态。

女神像供奉石碑
Ritual Tablet with Goddess Design

*

公元前 2 世纪 - 公元 1 世纪
2nd Century B.C. - 1st Century A.D.

高 17 厘米、宽 7.5 厘米
Height 17 cm, Width 7.5 cm

印度东部
East India

日本平山郁夫丝绸之路美术馆藏
Hirayama Ikuo Silk Road Museum

　　这是以古代印度土著诸神为原型的供奉石碑。据推测，这是一尊反映公元前4世纪以来印度各地雕刻风格，以地母神像为原型制作而成的丰收女神吉祥天女像，同时也运用了极为独特的表现手法。

初转法轮浮雕
Relief of Setting the Wheel of Dhamma in Motion

*

公元 2 - 3 世纪
2ⁿᵈ - 3ʳᵈ Century A.D.
高 91 厘米、宽 66 厘米
Height 91 cm, Width 66cm
印度
India
日本平山郁夫丝绸之路美术馆藏
Hirayama Ikuo Silk Road Museum

这是用于装饰佛塔基坛的石板浮雕。中央是象征佛陀教义的法轮，下方雕有两头狮子。此外，在基坛上还雕刻有一对草食兽，似乎为此地的镇守兽。周围刻有莲花蔓草图案以及花纹，右侧刻有动物（马、狮子）等与佛教相关的元素。

风神像
Statue of Wind God

*

公元 4 - 7 世纪
4th - 7th Century A.D.

高 41 厘米
Height 41 cm

印度北部
North India

日本平山郁夫丝绸之路美术馆藏
Hirayama Ikuo Silk Road Museum

　　手握被风鼓满的布料一角，额发向后、迎风而立，这是在中国和
日本广为流传的典型风神形象。一般认为这种形象是在公元 1 - 2 世纪
时，贵霜帝国以希腊神话中的北风神波瑞阿斯为原型，后来演变成了
风神欧多的形象。

亚洲与欧洲的联通
Connection between Asia and Europe

　　亚洲和欧洲在地理上紧密相连，但其文化特征却各具特色。公元前 334 年，亚历山大开始长达十年的东征，将亚洲和欧洲从政治和文化上完全联通起来。亚历山大率先打败了波斯帝国，一直挺进到印度河流域并击败了印度国王。随后建立起一个西起巴尔干半岛、尼罗河，东至印度河的庞大帝国。

　　Despite the close geographical connection, Asia and Europe had their respective unique cultural characteristics. In 334 B.C., Alexander conquered the Persian Empire, captured the Indus Valley and beat the Indian King in a ten-year-long eastern expedition, linking Asia and Europe politically and culturally and establishing a giant empire commanding the Balkan Peninsula, the Nile and the Indus.

红陶雕像
Figurine

*

希腊化时期
Hellenistic Period
高 13.2 厘米、宽 4.7 厘米、厚 0.9 厘米
Height 13.2 cm, Width 4.7 cm, Thickness 0.9 cm
黎巴嫩哈拉耶布
Kharayeb, Lebanon
黎巴嫩文物局藏
Directorate General of Antiquities - Lebanon

　　此雕像保存完整。男孩在吹奏排笛，呈站立姿态，除了纱巾遮住后背，其余均为裸体。

高浮雕祭祀神王朱庇特像
High Relief of Jupiter Heliopolitan

*

公元 573 年（罗马时期）
573 A.D. (Roman Period)

长 42.5 厘米、宽 45 厘米、厚 29 厘米
Length 42.5 cm, Width 45 cm, Thickness 29 cm

黎巴嫩贝卡
Bekaa, Lebanon

黎巴嫩文物局藏
Directorate General of Antiquities - Lebanon

　　此件祭祀神王朱庇特像直立于基座上，基座上刻有年代573年。有两头公牛分立于朱庇特两侧，石柱上半部分已损毁。

椰枣形玻璃瓶
Flask in the Shape of a Date

*

罗马时期
Roman Period

高 7.3 厘米、厚 0.3 厘米、直径 3.1 厘米
Height 7.3 cm, Thickness 0.3 cm, Diameter 3.1 cm

黎巴嫩贝鲁特
Beirut, Lebanon

黎巴嫩文物局藏
Directorate General of Antiquities - Lebanon

　　此件玻璃瓶表面褶皱的浮雕质感和棕色相结合，便很自然地描摹
了一颗椰枣。这样小巧的香水瓶盛行于公元1至2世纪的罗马帝国，用
于盛放香水。

长颈锥形底座玻璃瓶
Unguentarium

*

罗马时期
Roman Period

高 10.1 厘米、厚 0.5 厘米、直径 5.9 厘米
Height 10.1 cm, Thickness 0.5 cm, Diameter 5.9 cm

黎巴嫩贝鲁特
Beirut, Lebanon

黎巴嫩文物局藏
Directorate General of Antiquities - Lebanon

　　喇叭口、细长颈、圆锥形底座是典型的Unguentarium（香水瓶）形制。Unguentarium通常指在希腊化和古罗马遗址中出土的小型陶瓷或玻璃瓶，尤其在墓园遗址中出土较多。自公元2世纪至6世纪，便以玻璃瓶为主。其最广泛的用途可能是盛放油、香水以及液体和粉末，在沐浴、葬礼和商品贸易中使用。

长颈葫芦形底座玻璃瓶
Unguentarium

*

罗马时期
Roman Period

高 11.6 厘米、厚 0.5 厘米、直径 2.7 厘米
Height 11.6 cm, Thickness 0.5 cm, Diameter 2.7 cm

黎巴嫩贝鲁特
Beirut, Lebanon

黎巴嫩文物局藏
Directorate General of Antiquities - Lebanon

此香水瓶颈部细长，最具特色的是葫芦形底座，同一时期的玻璃香水瓶通常是圆锥形底座。贝鲁特曾受罗马人统治，因此在古罗马人生活中频繁使用的香水瓶也出现在贝鲁特。

蓝色玻璃迷你双耳瓶
Amphorisko

*

罗马时期
Roman Period

高 10.3 厘米、厚 0.5 厘米、直径 5 厘米
Height 10.3 cm, Thickness 0.5 cm, Diameter 5 cm

黎巴嫩贝鲁特
Beirut, Lebanon

黎巴嫩文物局藏
Directorate General of Antiquities - Lebanon

　　罗马盛行的香水瓶除了细长颈平底型外，还有双耳细颈尖底瓶，被称为 Amphorisko，字面意思是迷你双耳瓶，器型源于希腊彩陶瓶，是整个古典时期广泛使用的贮藏器。迷你双耳瓶也是用于盛放香水、油和化妆品。古埃及人发明了蓝色玻璃，古罗马时期进一步提升了其制作技术，使得玻璃透亮细腻，此瓶是蓝玻璃器中的精品。

玻璃瓶
Unguentarium

*

罗马时期
Roman Period

高 11.3 厘米、厚 0.4 厘米、直径 6.8 厘米
Height 11.3 cm, Thickness 0.4 cm, Diameter 6.8 cm

黎巴嫩贝鲁特
Beirut, Lebanon

黎巴嫩文物局藏
Directorate General of Antiquities - Lebanon

　　与其它香水瓶相比，此瓶颈部较短，器身较大，几乎呈球形，容量较大。可见在古罗马时期人们对香水瓶的需求较大，也衍生出多样化的容量设计，以满足生活各方面的需求。同时，玻璃制造技术到罗马时期已得到很大飞跃，因此能制作出如此透亮的玻璃器，罗马玻璃器也是古代世界贸易往来的主要商品之一。

千花玻璃碗
Millefiori

*

罗马时期
Roman Period

高 2.9 厘米、厚 0.4 厘米、直径 7.8 厘米
Height 2.9 cm, Thickness 0.4 cm, Diameter 7.8 cm

黎巴嫩贝鲁特
Beirut, Lebanon

黎巴嫩文物局藏
Directorate General of Antiquities - Lebanon

  Millefiori是意大利语，意思是"千万朵花"，特指古埃及人发明的玻璃制作技术，该技术在古罗马时期尤为流行。棕色为主色调，以白色点缀的千花模仿天然玛瑙的质感和花纹，也有模仿马赛克质地的多彩千花玻璃盘。古罗马千花玻璃器远销各地，阿富汗贝格拉姆宝藏中也有一件千花玻璃盘。千花玻璃器见证了古代世界的审美和文化交流轨迹。

陶女性头像香炉
Female Head Shaped Pottery Censer

*

公元 100 年
100 A.D.
长 12.5 厘米、宽 5 厘米
Length 12.5 cm, Width 5 cm
叙利亚大马士革国家博物馆藏
National Museum of Damascus

　　陶女性头像香炉。其头顶为碗状头饰、头发卷曲至耳部、双眼闭
合、面部圆润。整体保存较为完好。

陶灯罩
Pottery Lampshade
*

公元 100 年
100 A.D.
长 20 厘米、宽 12.5 厘米
Length 20 cm, Width 12.5 cm
叙利亚大马士革
Damascus, Syria
叙利亚大马士革国家博物馆藏
National Museum of Damascus

　　此件陶灯罩保存较为完好。灯罩有盖，盖上有圆环；罩身大部分
为菱形镂空装饰，有一耳和圆底座。

釉陶双耳罐
Double-Handled Glazed Ceramic Jar

*

公元 200 年
200 A.D.

长 27 厘米、宽 18 厘米
Length 27 cm, Width 18 cm

叙利亚多拉奥布斯
Douraa Oroubos, Syria

叙利亚大马士革国家博物馆藏
National Museum of Damascus

此釉陶双耳罐，无装饰图案，器表光滑有色泽，通体施蓝釉。

长方形人物石雕像
Rectangular Stone Board

*

公元 200 年
200 A.D.

长 21 厘米、宽 12 厘米、厚 9 厘米
Length 21 cm, Width 12 cm, Thickness 9 cm

叙利亚贾巴尔
Jabbar, Syria

叙利亚大马士革国家博物馆藏
National Museum of Damascus

　　长方形人物石雕像上雕刻有一名身着罗马羊毛衣和褶裙的男子，右手执轴，左手持匕首，服饰上依然清晰可见彩绘。

灰岩泰德穆尔墓碑雕像
Tadmur Limestone Gravestone Featuring Two Women

*

公元 200 年
200 A.D.
长 58 厘米、宽 63 厘米、厚 20 厘米
Length 58 cm, Width 63 cm, Thickness 20 cm
叙利亚泰德穆尔
Tadmur, Syria
叙利亚大马士革国家博物馆藏
National Museum of Damascus

  泰德穆尔石墓碑雕像。雕刻有两位女士，右边女士无头饰、发鬓
上盘、右手执衣领；左边女士佩戴头饰，右手执衣帽，两位女士身着
褶皱服饰。脸颊之间有泰德穆尔书面文字。

灰岩石雕板
Limestone Board

*

公元 200 年
200 A.D.

长 57 厘米、宽 50 厘米、厚 23 厘米
Length 57 cm, Width 50 cm, Thickness 23 cm

叙利亚泰德穆尔
Tadmur, Syria

叙利亚大马士革国家博物馆藏
National Museum of Damascus

　　此灰岩石雕板右侧雕刻有执长矛和持盾牌的女神，其坐于两只残
破狮子间的宝座上；左侧为一位站立在祭坛前面的男子。

灰岩泰德穆尔墓碑雕像
Tadmur Limestone Gravestone Figurine

*

公元 200 年
200 A.D.

长 53.5 厘米、宽 43.5 厘米、厚 25 厘米
Length 53.5 cm, Width 43.5 cm, Thickness 25 cm

叙利亚泰德穆尔
Tadmur, Syria

叙利亚大马士革国家博物馆藏
National Museum of Damascus

　　泰德穆尔墓碑雕像，代表一位穿戴首饰的女子。女子五官清晰，双眼闭合，左手抵在左耳处，呈倚靠状。身着褶皱服饰，雍容富态。

灰岩泰德穆尔墓碑雕像
Tadmur Limestone Gravestone Figurine

*

公元 200 年
200 A.D.

长 55 厘米、宽 43 厘米、厚 25 厘米
Length 55 cm, Width 43 cm, Thickness 25 cm

叙利亚泰德穆尔
Tadmur, Syria

叙利亚大马士革国家博物馆藏
National Museum of Damascus

　　泰德穆尔墓碑雕像，代表一位年轻男子。男子头发卷曲，五官清晰，
双眼闭合，十指修长，半身身着褶皱长袍。

银币
Coin

*

公元 1 世纪
1st Century A.D.
直径 1.54 厘米、厚 0.31 厘米
Diameter 1.54 cm, Thickness 0.31 cm
阿拉伯联合酋长国米雷哈
Mleiha, United Arab Emirates
阿拉伯联合酋长国沙迦考古总机构藏
Sharjah Archaeology Authority

　　此枚银币是根据亚历山大大帝及其塞琉古帝国一脉的继业者们发行的硬币仿造的。银币正面的赫拉克勒斯头裹尼米亚狮皮，背面是右手托举着一匹马的宙斯神坐像。

银币
Coin

*

公元 1 世纪
1st Century A.D.
直径 1.09 厘米、厚 0.2 厘米
Diameter 1.09 cm, Thickness 0.2 cm
阿拉伯联合酋长国米雷哈
Mleiha, United Arab Emirates
阿拉伯联合酋长国沙迦考古总机构藏
Sharjah Archaeology Authority

德拉克马银币
Drachma Coin

*

公元 1 世纪
1st Century A.D.
直径 2.52 厘米、厚 0.45 厘米
Diameter 2.52 cm, Thickness 0.45 cm
阿拉伯联合酋长国迪巴希森
Dibba al Hisn, United Arab Emirates
阿拉伯联合酋长国沙迦考古总机构藏
Sharjah Archaeology Authority

　　此枚银币是根据亚历山大大帝及其塞琉古帝国一脉的继业者们发行的硬币仿造的。银币正面是裹着尼米亚狮皮的赫拉克勒斯头部。

德拉克马银币
Drachma Coin

*

公元 1 世纪
1st Century A.D.
直径 2.44 厘米、厚 0.45 厘米
Diameter 2.44 cm, Thickness 0.45 cm
阿拉伯联合酋长国迪巴希森
Dibba al Hisn, United Arab Emirates
阿拉伯联合酋长国沙迦考古总机构藏
Sharjah Archaeology Authority

银币
Coin

*

公元 1 世纪
1st Century A.D.

直径 2.5 厘米、厚 0.5 厘米、重 15 克
Diameter 2.5 cm, Thickness 0.5 cm, Weight 15 g

阿拉伯联合酋长国米雷哈
Mleiha, United Arab Emirates

阿拉伯联合酋长国沙迦考古总机构藏
Sharjah Archaeology Authority

    此枚银币是根据亚历山大大帝及其塞琉古帝国一脉的继业者们发行的硬币仿造的。银币正面是裹着尼米亚狮皮的赫拉克勒斯头部。银币背面，主神宙斯坐在宝座上，左手握着权杖，右手举着一匹马。一棵枣椰树立在宙斯身前，宝座后面是三叉戟。

石雕像
Statue

*

公元 1 - 3 世纪
1st - 3rd Century A.D.

宽 6.44 厘米、高 14.82 厘米、厚 4.97 厘米
Width 6.44 cm, Height 14.82 cm, Thickness 4.97 cm

阿拉伯联合酋长国米雷哈
Mleiha, United Arab Emirates

阿拉伯联合酋长国沙迦考古总机构藏
Sharjah Archaeology Authority

    这尊娇小的雪花石膏雕像雕刻的很可能是一位女神（拉特女神），目前只有雕像的头部、肩部和部分宝座得以保留。雕像发现于米雷哈（Mleiha）的"宫殿"的破坏层，其制作于公元1世纪至3世纪。在（也门）哈德拉毛省（Hadramout）中部的玛卡南（Makaynun）的一所房子里发现了一座类似大小、穿着同样长袍、同样坐姿的女性雕像。这类小雕像可能是屋内供奉的神龛的一部分。

石罐
Jar

*

公元 1 - 2 世纪
1ˢᵗ - 2ⁿᵈ Century A.D.
宽 10 厘米、高 11 厘米
Width 10 cm, Height 11 cm
阿拉伯联合酋长国米雷哈
Mleiha, United Arab Emirates
阿拉伯联合酋长国沙迦考古总机构藏
Sharjah Archaeology Authority

　　石罐采用当地的筋脉石制成，颇有分量。其形状并不完全对称，表明其为当地生产的仿制品。而其仿制的对象是那些从阿拉伯半岛南部（也门）进口的，用于盛装昂贵的芳香剂或油膏，由方解石或所谓的"雪花石膏"制成的花瓶。这些仿制品很可能也是用来装芳香剂或油膏的。

石罐
Jar

*

公元 1 - 2 世纪
1st - 2nd Century A.D.

宽 6.5 厘米、长 16.5 厘米
Width 6.5 cm, Length 16.5 cm

阿拉伯联合酋长国米雷哈
Mleiha, United Arab Emirates

阿拉伯联合酋长国沙迦考古总机构藏
Sharjah Archaeology Authority

绿色玻璃瓶
Bottle/Unguentarium

*

公元 1 - 3 世纪
1st - 3rd Century A.D.

直径 8.55 厘米、高 12.4 厘米
Diameter 8.55 cm, Height 12.4 cm

阿拉伯联合酋长国迪巴
Dibba, United Arab Emirates

阿拉伯联合酋长国沙迦考古总机构藏
Sharjah Archaeology Authority

在迪巴（Dibba）发现了这种内装油膏或芳香剂的绿色玻璃小瓶。罗马帝国曾大规模生产这种瓶子并将他们出口到埃及、阿拉伯和印度。而此件小香瓶不同寻常的瓶壁厚度表明它可能并非产自罗马帝国，对其玻璃材质的分析也证实了这一点。据称在巴林、美索不达米亚塞琉西亚和埃及的几处遗址也发现了类似的厚壁小香瓶。

狮头
Lion Head

*

公元前 2 世纪
2nd Century B.C.

高 32 厘米、宽 30 厘米
Height 32 cm, Width 30 cm

叙利亚
Syria

日本平山郁夫丝绸之路美术馆藏
Hirayama Ikuo Silk Road Museum

　　狮子的头部图案或者被绘制在墓地以及圣殿的入口处，或者司守在掌管冥界的地母神身旁，亦或被雕刻在石棺之上。在自美索不达米亚北部向世界各地广为传播的图像中，很多都是这种伸出舌头的造型。传到日本后，相关形象即变身为我们看到的狛犬。由于这种狮子头部的嘴内是空的，所以应当是喷泉等设施的出水口。

青铜镜
Bronze Mirror

*

公元前 1 世纪初
Early 1st Century B.C.
高 15 厘米、宽 9.8 厘米、厚 1.7 厘米
Height 15 cm, Width 9.8 cm, Thickness 1.7 cm
阿富汗
Afghanistan
日本平山郁夫丝绸之路美术馆藏
Hirayama Ikuo Silk Road Museum

这是巴克特里亚时期的青铜镜。巴克特里亚王国在公元前 6 世纪左右，统治着从阿富汗北部至印度西北部一带区域，盛极一时。在亚历山大大帝东征期间，希腊人移居至此，公元前 308 年成为希腊化王国、塞琉古王国叙利亚的一部分。坐拥丰富的矿产资源，许多具有希腊风格的精美金属工艺品和青铜器皆出自这一时代。

交流对话　情感共生

　　世界上大部分主要宗教文化都起源于亚洲，印度教、佛教、道教、伊斯兰教等等，这些宗教都已经存在了数千年之久。在古代亚洲，它们传递着文化与信仰，今天它们仍然共同影响着全球众多人的生活。

Spiritual Communication and Emotional Affinity

　　Most of the world's major religions cultures originated in Asia, including Hinduism, Buddhism, Taoism, Islam, etc., and these religions have been in existence for thousands of years. Religions in ancient Asia came along always with cultures and beliefs that have still influenced the lives of many people around the world till now.

复杂与多元的精神世界
Complicated and Diversified Spiritual World

　　印度教是全世界所有主要宗教中最古老的宗教之一，如今已有超过数亿的信徒。印度教没有创立者，也没有教义经书，其部分思想内涵由印度河流域文明诸多信仰与思想体系演变而来。雅利安人入侵印度后，又将印度教与阶层统治结合起来，发展出为人所熟知的四大世袭的种姓制度。

　　Among the oldest major religions in the world, Hinduism has more than hundreds of millions of followers today. With no known founders and written scriptures, Hinduism has largely derived its ideas from other beliefs and ideological system in the Indus Valley civilizations. Following the invasion of India by the Aryans, Hinduism was brought to be integrated with the caste institutions and has eventually developed into the 4-level hereditary caste system as known to us today.

湿婆神的坐骑公牛南迪像
Nandin

*

公元 550 - 600 年（前吴哥时期）
550 A.D. - 600 A.D. (Pre - Angkorian Period)
长 53 厘米、宽 31 厘米、高 30 厘米
Length 53 cm, Width 31 cm, Height 30 cm
柬埔寨柴桢省罗密赫县巴萨克
Bassak, Rumduol, Svay Rieng, Cambodia
柬埔寨国家博物馆藏
National Museum of Cambodia

　　湿婆神的坐骑是叫南迪的公牛。公牛南迪的雕像常被放在神庙的大厅或门廊里，面对着内部的圣所。公牛南迪同供奉湿婆神的神庙圣所里最常见的林伽像一样，一般是独立的雕像。

石雕毗湿奴立像
Standing Vishnu

*

公元 550 - 600 年（前吴哥时期）
550 A.D. - 600 A.D. (Pre - Angkorian Period)

长 40 厘米、高 95.5 厘米
Length 40 cm, Height 95.5 cm

柬埔寨国家博物馆藏
National Museum of Cambodia

　　毗湿奴是印度教中世界的维护者。常着王者衣冠，佩戴宝石和粗大的花环，四臂手持法螺贝、妙见神轮、伽陀神锤、神弓或宝剑（其所佩武器有时以拟人化的形象出现）、莲花等。他有时坐于莲花上，有时躺在一条千头蛇身上，有时骑在一只大鹏鸟迦楼罗上。

石雕蛇王纳迦护佛像
Buddha on Naga

*

公元 7 世纪（前吴哥时期）
7th Century A.D. (Pre - Angkorian Period)
长 60 厘米、宽 33 厘米、高 128 厘米
Length 60 cm, Width 33 cm, Height 128 cm
柬埔寨磅湛省
Kampong Cham, Cambodia
柬埔寨国家博物馆藏
National Museum of Cambodia

　　龙是佛教护法"八部天龙"之一。根据印度神话传说，一次，佛
在禅定，突然下雨，此时纳迦过来帮助佛祖免受雨淋水淹，故而有佛
坐于龙上的形象。这尊雕塑像中，冥思中的佛陀头发边缘饰有珍珠，
眉毛呈直线略有弧度。每个纳迦的喉咙下都雕刻有脉轮，在纳迦兜帽
背面的中轴线处雕刻有三个脉轮。

石雕伐楼拿神像
Varuna sitted on Hamsa

*

公元 10 世纪（吴哥时期）
10th Century A.D. (Angkorian Period)
长 38 厘米、宽 36 厘米、高 95 厘米
Length 38 cm, Width 36 cm, Height 95 cm
柬埔寨暹粒省
Siem Reap, Cambodia
柬埔寨国家博物馆藏
National Museum of Cambodia

　　此件石雕神像，表现的是印度教中掌管天空、雨水和海洋的神灵——伐楼拿，反映了东南亚与南亚地区的文明交流。

石浮雕门楣
Decorated Lintel

*

公元 10 世纪（吴哥时期）
10th Century A.D. (Angkorian Period)

长 155.5 厘米、宽 48 厘米
Length 155.5 cm, Width 48 cm

柬埔寨马德望市
Battambang, Cambodia

柬埔寨国家博物馆藏
National Museum of Cambodia

该门楣属于普拉普风格。

石浮雕门楣
Decorated Lintel

*

公元 10 世纪中期（吴哥时期）
Mid 10th Century A.D. (Angkorian Period)
长 167 厘米、宽 43 厘米、厚 29 厘米
Length 167 cm, Width 43 cm, Thickness 29 cm
柬埔寨马德望市
Battambang, Cambodia
柬埔寨国家博物馆藏
National Museum of Cambodia

　　此门楣出自于吴哥窟的女王宫。女王宫始建于 967 年（罗真陀
罗跋摩 Rajendravarman 统治时期），完成于 1002 年（阇耶跋摩五世
Jayavarman V 时期）。

石雕迦楼罗残片
Fragment of Figure of Garuda

*

公元 10 世纪中期（吴哥时期）
Mid 10th Century A.D. (Angkorian Period)
长 50 厘米、高 76 厘米
Length 50 cm, Height 76 cm
柬埔寨国家博物馆藏
National Museum of Cambodia

　　大鹏金翅鸟又叫迦楼罗鸟，梵文音译苏钵剌尼，意译为羽毛美丽
者、食吐悲苦声。据说其翅金色，两翼广 336 万里，住于须弥山下层。
在佛教中为八部众之一，在印度教中它又是毗湿奴神的坐骑，其人身
形象在供奉毗湿奴神的神庙中随处可见。

石狮
Lion

*

公元 10 世纪晚期（吴哥时期）
Late 10th Century A.D. (Angkorian Period)
长 19 厘米、宽 20 厘米、高 31 厘米
Length 19 cm, Width 20 cm, Height 31 cm
柬埔寨磅士卑省公比塞县
Kong Pisei, Kampong Speu, Cambodia
柬埔寨国家博物馆藏
National Museum of Cambodia

　　在古代亚洲，狮子主要生活在印度次大陆。印度宗教中很早就出现了狮子的形象，例如狮子是印度教女神杜尔伽的坐骑，佛教把佛陀宣讲比作狮子吼等。根据《真腊风土记》的记载，柬埔寨"兽有犀像、野牛、山马，乃中国所无者。其余如虎、豹、熊罴、野猪、麋鹿、麾麂、猿狐之类甚多。所少者狮子、猩猩、骆驼耳"。

青铜象头神伽内什像
Ganesha

*

公元 12 世纪末 - 13 世纪初（吴哥时期）
End of 12th - Beginning of 13th Century A.D. (Angkorian Period)

长 14.5 厘米、高 19.4 厘米
Length 14.5 cm, Height 19.4 cm

柬埔寨国家博物馆藏
National Museum of Cambodia

    象头神是湿婆神与雪山女神之子。此雕塑时代较晚，为同期巴戎寺风格。巴戎寺建造年代是 12 世纪末，始建者是苏利耶跋摩一世，后来阇耶跋摩七世进行重建，改为佛教寺院。

湿婆神立像
Standing Shiva

*

公元 10 世纪
10th Century A.D.

高 59 厘米
Height 59 cm

柬埔寨
Cambodia

日本平山郁夫丝绸之路美术馆藏
Hirayama Ikuo Silk Road Museum

　　湿婆神为印度教的三大神之一，是司掌破坏和创造的神灵。他在驱散邪魔时，会展现出破坏杀戮之神的暴戾。而在面对皈依者时，他则表情柔和安详，为人们施恩施惠。作为生殖之神时他还会化身为林伽。同时也是修行于喜马拉雅山的神灵。人们普遍认为，缺损的手上可能拿着湿婆神的弓箭、三叉戟、手杖和海螺等法器。

毗湿奴神立像
Standing Vishnu

*

公元 14 世纪
14th Century A.D.
高 16.3 厘米
Height 16.3 cm
柬埔寨
Cambodia
日本平山郁夫丝绸之路美术馆藏
Hirayama Ikuo Silk Road Museum

　　与印度神话中的梵天、湿婆神并称印度教三大主神。毗湿奴（Vishnu）的词意为"舒展、遍及"，是阳光神格化后的神灵。在吠陀时代，毗湿奴只是众多太阳神之一，但后期将那罗辛哈（人狮）、罗摩、奎师那、佛陀（佛）和迦尔吉（救世主）等英雄收归为自己的化身，从而获得与湿婆神并尊的最高神位。毗湿奴说，每当达摩（正义）沦丧，阿达摩（不道德）遍及世界时，他的化身会现身人世，铲除邪恶。

　　通常毗湿奴神的四只手上分别持着四种不同的法器。第一只手持着海螺贝"五生螺号"，第二只手持着象征着毗湿奴神的妙见飞轮（轮宝），第三只手持着名为"月光"的神杵，第四只手持着一朵莲花。

乌玛女神立像
Standing Goddess of Uma

*

公元 14 世纪
14th Century A.D.
高 20.7 厘米
Height 20.7 cm
柬埔寨
Cambodia
日本平山郁夫丝绸之路美术馆藏
Hirayama Ikuo Silk Road Museum

这是出现在印度神话中的女神之一、湿婆神的妻子（提毗）的雕像，她始终呈现出一种优雅与从容的姿态。在《罗摩衍那》中，她与吉祥天女神拉克什米、恒河女神甘伽一起受到众生的崇拜。她是喜马拉雅山神喜马瓦特的三个女儿中的长女。母亲因不忍心看到她以绝食方式进行苦修，便对她喊了一句"喂，快停下来（乌玛——）"，因此她又得名乌玛，此名既指她因为苦修成为了女神，也蕴含了"母亲"的含义。

人物浮雕
Relief with Human Figures

*

公元 14 世纪
14th Century A.D.

高 27 厘米、宽 41 厘米
Height 27 cm, Width 41 cm

柬埔寨
Cambodia

日本平山郁夫丝绸之路美术馆藏
Hirayama Ikuo Silk Road Museum

    此浮雕所呈现的图案中，左侧是手持莲花的女神，右侧是一只猿猴。它应该是展现了在东南亚颇受欢迎的史诗作品《罗摩衍那》，以及佛教传说中某一场景的浮雕像的残片。该女神与其说是参与到这一场景中，不如说是一种点缀装饰般的存在，因此她可能是蒂娃妲（女神）之一。

大理石女供养人像
Female Donor (Marble)

*

公元 10 世纪
10th Century A.D.

宽 18.5 厘米、高 29 厘米
Width 18.5 cm, Height 29 cm

巴基斯坦卡塔斯
Katas, Pakistan

巴基斯坦考古与博物馆司藏
Department of Archaeology and Museums, Government of Pakistan

  卡塔斯·拉吉（Katas Raj）位于巴基斯坦旁遮普省的博德瓦尔
（Potohar）高原，是围绕着一个名叫卡塔斯的池塘而建的寺庙群，这
个池塘被印度教徒视为圣地。据《往世书》中记载，湿婆在失去妻子
萨蒂后心碎不已，在人间悲伤地游荡，他流下的眼泪汇成了卡塔斯湖。

  这尊女性供养雕像由白色大理石雕刻而成，长脸，双臂和下半身
缺失。雕刻者用黑色颜料勾勒出雕像的五官后，又在表面涂了一层华
丽的半透明金色。雕像的头发束成发髻，头戴珠串组成的发饰，身穿
酷似印度纱丽的长袍。2002 年，于卡塔斯·拉吉发现了这座雕像。

在苦难中诞生的心灵救赎
Soul Redemption from Hardships and Sufferings

　　由于婆罗门阶层的种种要求和强征勒索，公元前 6 世纪至 5 世纪印度出现了社会改革浪潮。其中一个表现是出现了苦行主义的趋向，人们通过反省和沉思，寻求内心的自由和真理——"佛教文化"应运而生。

　　佛教文化在印度广泛传播与阿育王也有着极大关系。阿育王统治时期向南印度大规模征讨。在征服战争结束后，国内不同地域、部落、教派和种姓之间矛盾激烈，为缓和社会矛盾，阿育王急需选择一种超出各教派之上，又能为各教派都接受的思想学说，这时宣扬众生平等的佛教成为首选。

　　Due to the myriad demands and exorbitant extortions from the Brahmins, social reform set in from the 6th century B.C. to the 5th century B.C. and one of the manifestations was a trend of asceticism: people sought inner freedom and truths through reflection and meditation and thus – "Buddhist culture" came into being.

　　The widespread of Buddhist culture in India also had much to do with Asoka. In the wake of massive wars in southern India under the reign of Asoka, contradictions and conflicts among various regions, tribes, sects and castes intensified. To defuse mounting social pressures, Asoka badly needed an ideology that could be acceptable to all religious sects, and thus Buddhism upholding equality for all stood out to be the preferred choice.

灰片岩佛立像
Grey Schist Standing Buddha

*

公元 2 - 3 世纪
2nd - 3rd Century A.D.

长 39 厘米、高 85 厘米
Length 39 cm, Height 85 cm

犍陀罗遗址中部
Central Gandhara

巴基斯坦考古与博物馆司藏
Department of Archaeology and Museums, Government of Pakistan

　　这尊站佛头部带有光环，脸向左偏转。佛像头部有硕大、平滑的肉髻，头发浓密。五官深刻，长长的耳垂和双眼引人注目。佛身着僧袍，双腿隐于僧袍之下，长袍的层层褶皱以线条的方式体现，清晰可见。

绿片岩丘比特浮雕建筑构件

Architectural Panel in Green Schist Depicting a Cupid

*

公元 1 - 3 世纪

1st - 3rd Century A.D.

长 31 厘米、宽 28.5 厘米

Length 31 cm, Width 28.5 cm

巴基斯坦斯瓦特县布特卡拉遗址

Butkara site, Swat, Pakistan

巴基斯坦考古与博物馆司藏

Department of Archaeology and Museums, Government of Pakistan

  在犍陀罗地区，即今天的巴基斯坦北部，希腊和佛教文化融合发展，先后对印度的马图拉艺术以及笈多帝国的印度教艺术产生了影响，并伴随着帝国版图的扩张散播到了整个东南亚。

  这块建筑构件上刻有一个裸体的爱神，爱神肩上扛着由一簇簇玫瑰编织成的花环，花簇之间用飘扬的缎带隔开，花环下方是一串串葡萄。爱神戴着由两股长长的珠串编织而成的项链、手镯、臂环和脚链，脸部微微转向左边，头发在左侧编成发髻。这座有爱神像的建筑构件有很高的艺术价值。

刻有佛陀和侍者的灰片岩雕饰带片
Fragment of a Frieze in Grey Schist, Showing Buddha with Attendants
*

公元 2 - 3 世纪
2nd - 3rd Century A.D.
长 37.5 厘米、高 24 厘米
Length 37.5 cm, Height 24 cm
犍陀罗遗址中部
Central Gandhara
巴基斯坦考古与博物馆司藏
Department of Archaeology and Museums, Government of Pakistan

　　佛陀在顿悟成佛后，决定去教导在他放弃苦行后离他而去的五比
丘。五比丘离开佛陀后，暂时栖身于鹿野苑。在阿沙荼月的月圆日，
佛陀去到鹿野苑后，为五比丘第一次宣讲佛法，此次说法被称为转法
轮经，是佛陀在成佛后说的第一篇经（初转法轮），在佛教文学中也
被称为"转法轮"。这件雕像描绘的是佛陀在菩提伽耶第一次宣讲佛
法的场景。

刻有运送佛陀遗骨图样的绿片岩石板
Panel in Green Schist, Depicting Transportation of the Relics of Buddha

*

公元 2 - 3 世纪
2nd - 3rd Century A.D.

宽 28 厘米、高 31 厘米
Width 28 cm, Height 31 cm

巴基斯坦斯瓦特
Swat, Pakistan

巴基斯坦考古与博物馆司藏
Department of Archaeology and Museums, Government of Pakistan

　　此幅石板描绘了运送佛陀圣骨的场景。两个颇具王者风范的人骑
在一头大象身上，身穿镶有花边的缠腰布和披肩。前面的人手捧圣骨匣，
坐在他后面的人双手举着一把皇家大伞。在大象的身前及身后各站着
一位气度不凡的人物，身穿的披肩垂在身后。两人摆出一副震惊不已
的姿态，左手放在嘴唇上，表情惊讶。

灰泥佛坐像
Buddha in Meditation (Stucco)

*

公元 2 - 3 世纪
2ⁿᵈ - 3ʳᵈ Century A.D.
宽 46 厘米、高 47 厘米
Width 46 cm, Height 47 cm
犍陀罗遗址中部
Central Gandhara
巴基斯坦考古与博物馆司藏
Department of Archaeology and Museums, Government of Pakistan

　　外族入侵、人口迁徙、外交和贸易往来推动了犍陀罗艺术与其它
文化的碰撞和融合。犍陀罗吸收了来自希腊、罗马、拜占庭、波斯、
中亚、中国和印度风格迥异的文化传统，是各文化相互融合的产物。

　　这尊佛陀像双手结禅定印，盘腿坐在一段叠涩拱的中间，正在冥想。
佛陀的双肩、双手都被僧袍覆盖，雕刻者用浮雕的手法展现了领口和
僧袍的褶皱起伏。

灰泥菩萨头像
Bodhisattva Head (Stucco)

*

公元 3 - 4 世纪
3rd - 4th Century A.D.
直径 13 厘米、高 10.5 厘米
Diameter 13 cm, Height 10.5 cm
巴基斯坦塔克西拉遗址
Taxila site, Pakistan
巴基斯坦考古与博物馆司藏
Department of Archaeology and Museums, Government of Pakistan

　　该菩萨头部保存较为完好，制作精湛，五官线条分明，栩栩如生。菩萨的鼻尖和耳垂部分已遭到损坏，额头中间的第三只眼形状细小，但凸起明显，波浪般的卷发用发带向后束起，露出额头，带有强烈的希腊风格。菩萨的双目半闭半合，十分引人遐思。这尊雕像的素坯在装饰和上色时应该还十分柔软。在装饰和上色完毕后，雕刻者用工具对鼻孔及其他部位细微的线条进行了进一步的雕琢。

灰泥佛陀头像
Buddha Head (Stucco)

*

公元 3 - 4 世纪
3rd - 4th Century A.D.

直径 12.5 厘米、高 19 厘米
Diameter 12.5 cm, Height 19 cm

巴基斯坦塔克西拉遗址
Taxila site, Pakistan

巴基斯坦考古与博物馆司藏
Department of Archaeology and Museums, Government of Pakistan

　　犍陀罗艺术首次让我们对公元1世纪该地区灰泥艺术的特征和品质有了正确的认识。犍陀罗艺术当时已在塔克西拉萌芽。在帕提亚人统治时期，希腊艺术享有至高无上的地位。由于塔克西拉山谷缺少片岩，人们转而使用灰泥塑造佛像，以满足佛教徒们日益增长的需求。

　　这尊佛陀头像保存较为完好，制作精湛，五官线条分明，栩栩如生，具有鲜明的希腊风格。佛陀的双眼半睁半闭，让人心生崇敬之心。

灰片岩菩萨像
Grey Schist Bodhisattva

*

公元 2 - 5 世纪
2nd - 5th Century A.D.

宽 34 厘米、高 84 厘米
Width 34 cm, Height 84 cm

犍陀罗遗址中部
Central Gandhara

巴基斯坦考古与博物馆司藏
Department of Archaeology and Museums, Government of Pakistan

　　在佛教教义中，菩萨是以普度众生为己任的修行者。与佛陀简朴的形象不同，菩萨常被刻画成满身珠光宝气的王子形象。这座观音菩萨立像脸型介于圆形和椭圆形之间，面部平坦而宽阔；双眉弯曲，双眼微闭，眉间白毫为高浮雕；嘴唇线条分明，鼻唇之间长着弯曲的胡须；头发呈波浪形，头戴由数串珠子组成的冠冕；身着的衣褶沟壑分明，清晰可见，佩戴由多个珠串编织而成的项链。菩萨左手持花环。

男女神像栏楯门柱

Banister with Relief Design of God and Goddess

*

公元 2 - 3 世纪
2nd - 3rd Century A.D.
高 68 厘米、宽 19.5 厘米
Height 68 cm, Width 19.5 cm
印度马图拉
Mathura, India
日本平山郁夫丝绸之路美术馆藏
Hirayama Ikuo Silk Road Museum

　　古印度时期，佛塔外围均有护栏，东南西北四方也设有塔门。本藏品便是一道门柱。男神为夜叉，居于大地，为大地守护神，亦司丰收。女神被称为药叉，也叫药叉女，是一尊树神，掌管着丰收多产与轮回转世。古印度初期的每一座佛塔栏楯上，都无一例外会出现这两尊神像。

神像头像
Head of God

*

公元 8 - 9 世纪
8th - 9th Century A.D.
高 25.5 厘米、宽 15.5 厘米
Height 25.5 cm, Width 15.5 cm
印度北部
North India
日本平山郁夫丝绸之路美术馆藏
Hirayama Ikuo Silk Road Museum

　　这尊雕像没有在菩萨像中常见的白毫，从头部的尺寸和它睥睨而视的锐利眼神等特征猜测，这应该是某位神明的神像。大幅上挑的眉眼，构成了十分特别的头部。头冠和头顶部的发饰，与克什米尔出土的宝冠、菩萨像的头冠十分相似，据推测，这是以巴米扬壁画中的三面头饰为原型变化而来。

佛陀立像
Standing Buddha

*

公元 9 - 10 世纪
9th - 10th Century A.D.
高 17 厘米、宽 7 厘米
Height 17 cm, Width 7 cm
印度东北部
Northeast India
日本平山郁夫丝绸之路美术馆藏
Hirayama Ikuo Silk Road Museum

　　这尊雕像没有在菩萨像中常见的白毫，从头部的尺寸和它睁目而视的锐利眼神等特征猜测，这应该是某位神明的神像。大幅上挑的眉眼，构成了十分特别的头部。头冠和头顶部的发饰，与克什米尔出土的宝冠、菩萨像的头冠十分相似，据推测，这是以巴米扬壁画中的三面头饰为原型变化而来。

石雕佛头像
Head of Buddha

*

公元 7 世纪（前吴哥时期）
7th Century A.D. (Pre - Angkorian Period)
直径 20 厘米、高 31 厘米
Diameter 20 cm, Height 31 cm
柬埔寨茶胶省吴哥波雷县
Vat Kampong Luong, Angkor Boeri, Takeo, Cambodia
柬埔寨国家博物馆藏
National Museum of Cambodia

　　佛教造像。佛头鬓发和头后部等均覆盖排列整齐的右旋螺发。佛
脸部方圆，嘴唇呈自然怡悦的微笑，耳垂修长。让人心生崇敬之情。

阿拉伯帝国的崛起
Rise of the Arab Empire

　　伊斯兰教文化的诞生是亚洲历史，乃至世界历史上的一个重要转折点。先知穆罕默德约在公元6世纪末至7世纪初期创立了完整的伊斯兰教教义；在其死后不久，伊斯兰教的圣典——《古兰经》也确定下来。在穆罕默德去世后的一个世纪内，他的信徒们建立起一个横跨亚欧大陆的强大阿拉伯帝国，并不断向世界各地传播伊斯兰文化。

　　The emergence of Islamic culture is an important turning point in Asian history and even world history. The Prophet Muhammad established the complete Islamic doctrine during the period from the later 6th century to the early 7th century. Shortly after his death, the Qur'an, the sacred scripture of Islam, was finalized. Within a century after the death of Muhammad, his followers established a powerful Arab empire spanning Asia and Europe and continued to spread Islamic culture to the rest of the world.

雕刻圆碗
Round Bowl with Carved Design

*

公元 5 - 7 世纪左右
Circa 5th – 7th Century A.D.
高 8 厘米、直径 9.5 厘米
Height 8 cm, Diameter 9.5 cm
伊朗
Iran
日本平山郁夫丝绸之路美术馆藏
Hirayama Ikuo Silk Road Museum

　　以如今的伊朗为中心，公元 3 - 7 世纪繁荣昌盛的萨珊波斯（Sassanian Persia）不仅强大到能与罗马帝国争夺霸权，还继承了源于美索不达米亚及地中海东部的传统玻璃制法，甚至制造出了独创的玻璃制品，被称为"圆形切面装饰玻璃碗"或"马赛克玻璃碗"的特殊器皿，是国王赏予臣子的恩赐，当属其中的典型范例。此类器皿使用磨床（圆形磨刀石）在厚重的器皿胚上雕刻研磨出一个个圆形，再将研磨好的器皿仔细地进行抛光，这样制作出来的器皿作为赠礼，价值甚至不输于银器或银杯。

绿彩白底文字纹钵
Green-painted White Bowl with Inscription

*

公元 8 - 9 世纪
8th - 9th Century A.D.
高 7 厘米、直径 23 厘米
Height 7 cm, Diameter 23 cm
伊朗
Iran
日本平山郁夫丝绸之路美术馆藏
Hirayama Ikuo Silk Road Museum

以白色为底色，沿着外翻的敞口边缘的五处向内侧倒入绿釉，再以褐釉描绘器皿中央的文字。钵内文字是一种名为库法体的文字，字体沉静而平稳。

多彩釉刻线纹器皿
Multi-colored-glaze Vessel with Carved Linear Design

*

公元 11 - 12 世纪
11th - 12th Century A.D.
直径 38.7 厘米、高 10 厘米
Diameter 38.7 cm, Height 10 cm
伊朗阿什坎德
Ashkand, Iran
平山郁夫丝绸之路美术馆藏
Hirayama Ikuo Silk Road Museum

　　这些用刻线巧妙绘制的图案，与流行于中国唐代的反叶图案或花朵图案十分相似，且上面还覆盖着一层茂密的蔓草纹。在口缘处有排列规则的三叶形。在白色陶衣上施以绿、黄、棕等颜色的釉彩。它的图案和釉面配色深受中国隋唐艺术品的影响，并且因其近似唐三彩所以被称为"波斯三彩"。

青釉草花纹鸡冠壶
Celadon-glazed Pot with Cockscomb-shaped Spout and Grass and Floral Design

*

公元 12 - 13 世纪
12th - 13th Century A.D.
高 27.5 厘米
Height 27.5 cm
伊朗喀山
Kazan, Iran
日本平山郁夫丝绸之路美术馆藏
Hirayama Ikuo Silk Road Museum

　　壶口类似于鸡冠的装饰，壶嘴则巧妙地安置在头顶部。器身上以
黑色线条描绘出了花草的图案。中国的隋唐时代也深受西亚艺术风格
影响，当时这一类的凤首壶和凤首瓶在中国也极具人气。

浮纹注口把手壶
Pot with Spout and Handle and Relief Design

*

公元 12 - 13 世纪
12th - 13th Century A.D.

高 31 厘米、宽 16 厘米
Height 31 cm, Width 16 cm

伊朗
Iran

日本平山郁夫丝绸之路美术馆藏
Hirayama Ikuo Silk Road Museum

　　在伊斯兰陶器各种形式的水注中，像这样颈部的壶嘴朝向上方并
呈现锐角的形状十分罕见。这可能是受到了金属器皿的影响。器身上
饰有浮雕图案，底部可见蔓草纹的植物图案。

釉彩长颈瓶
Color-glazed Flask

*

公元 12 - 13 世纪
12th - 13th Century A.D.
高 25 厘米、宽 15 厘米
Height 25 cm, Width 15 cm
伊朗
Iran
日本平山郁夫丝绸之路美术馆藏
Hirayama Ikuo Silk Road Museum

光彩瓷是一种呈现出金属光泽的传统伊斯兰陶器。这是一件单色
光彩瓷。上面施加的釉彩使它呈现出金褐色。以白色为底色，其上精
致地描绘了传说中的人面野兽和植物花纹。

八角形彩瓷砖
Octagonal Color-glazed Ceramic Brick

*

公元 13 世纪
13th Century A.D.
高 15.2 厘米、宽 15.3 厘米
Height 15.2 cm, Width 15.3 cm
伊朗卡尚
Kashan, Iran
日本平山郁夫丝绸之路美术馆藏
Hirayama Ikuo Silk Road Museum

　　这是由两个正方形 45 度重叠交错而成的八角形彩瓷砖。这种由各式形状的瓷砖组合而成的建筑装饰，自塞尔柱王朝至蒙古时代间建造的宫殿和清真寺中得到了广泛的使用。灰褐色的胎土上外罩着一层不透明的白釉，靛蓝色的釉下彩以及褐色装饰等均呈现出金属般的光泽。

开放融通　互利共生

　　疆域的稳定保证了道路的畅通，陆上丝绸之路与海上丝绸之路由点成线将亚洲、欧洲乃至非洲连结起来；文明也随着经济贸易的往来传播到沿线各地。数千年来，各国使节、商队、游客、学者、工匠和教徒等沿着丝绸之路互通有无，川流不息。

Openness, Accommodation and Mutualism

Territorial stability enhances accessibility. As the connectivity within Asia, Europe, and even linking Africa, increased through land and maritime silk roads, civilizations also spread along economic and trade routes. Over thousands of years, envoys, merchants, tourists, scholars, craftsmen, and religious believers of different nationalities and cultural backgrounds have exchanged their products and thoughts along the silk roads.

陆上丝路
Land Silk Road

　　张骞出使西域，是中国历史上首次主动向西探寻未知世界，极大地增进了东西方的相互了解。沿着张骞开辟的道路，东亚与西域的贸易迅速繁荣起来，东方的华美丝绸流入中亚，又从中亚流至欧洲。

　　Zhang Qian's Mission to the West was the first initiative in Chinese history to explore the unknown world westwards, greatly enhancing mutual understanding between the East and the West. Trade between East Asia and the West have boomed along the trail blazed by Zhang Qian, with the fine silks from the East flowing into Central Asia, and then, farther to Europe.

泰德穆尔纺织品
Tadmur Textiles

*

公元 200 年
200 A.D.

长 33 厘米、宽 25 厘米
Length 33 cm, Width 25 cm

叙利亚泰德穆尔
Tadmur, Syria

叙利亚大马士革国家博物馆藏
National Museum of Damascus

　　这批纺织品残片发现于叙利亚泰德穆尔（阿拉伯语意为"椰枣丰盛的土地"）——即帕尔米拉城（Palmyra）。帕尔米拉是丝绸之路上的重要商贸城市。此地干燥的气候使大量的纺织品得以保存。根据对当地出土织物材质和纺织技术的研究，发现不少来自中国的丝织品在此地被拆解并重新编织，以制作出符合西方需求的织物，一些织物上还能看到中国、伊朗等地的纹样元素。这些织物残片无疑显示出丝绸在东西方交流方面的重要意义。

青铜油灯
Oil Lamp in Bronze

*

公元 11 世纪
11th Century A.D.

直径 12 厘米、高 12.5 厘米
Diameter 12 cm, Height 12.5 cm

巴基斯坦乌迪格姆
Udigram, Pakistan

巴基斯坦考古与博物馆司藏
Department of Archaeology and Museums, Government of Pakistan

　　油灯保存比较完好。其灯盖和灯肩上刻有阿拉伯文铭文。心形灯嘴上刻有花纹。灯柄的下半部分绘有竖直线条，一直延伸到灯座边缘。油灯的底座绘有波浪线和装饰图案。油灯顶部的提手已缺失，挂提手用的两个小洞仍在。油灯两侧各有一个弯曲的把手，可能是用来悬挂绳子。

青花釉陶壶
Ceramic Blue-and-white Jar

*

公元 1200 年
1200 A.D.
高 20 厘米、直径 10 厘米
Height 20 cm, Diameter 10 cm
叙利亚大马士革国家博物馆藏
National Museum of Damascus

　　此件釉陶壶宽口、直颈、收肩、单耳、圆底。器身主体呈椎体形状，通体施青花釉，器身大部饰有花卉图案和几何图形。

釉陶碗
Ceramic Bowl

*

公元 1200 年
1200 A.D.
高 9 厘米、直径 20 厘米
Height 9 cm, Diameter 20 cm
叙利亚大马士革国家博物馆藏
National Museum of Damascus

此釉陶碗深腹小底，饰有圆形花卉和几何图形，釉彩大多已脱落。

釉陶碗
Ceramic Bowl

*

公元 1200 年 - 1300 年
1200 A.D. - 1300 A.D.
高 20 厘米、直径 9 厘米
Height 20 cm, Diameter 9 cm
叙利亚大马士革国家博物馆藏
National Museum of Damascus

此釉陶碗保存完好。有繁复的装饰图案，碗底绘有一个波斯面貌
的骑马男子。

釉陶油灯
Ceramic Oil Lamp

*

公元 1200 年 - 1300 年
1200 A.D. - 1300 A.D.
长 20 厘米、宽 9 厘米
Length 20 cm, Width 9 cm
叙利亚大马士革国家博物馆藏
National Museum of Damascus

此釉陶油灯保存完好。油灯呈环耳锥形，侧面有开口，灯顶部为倒油口。

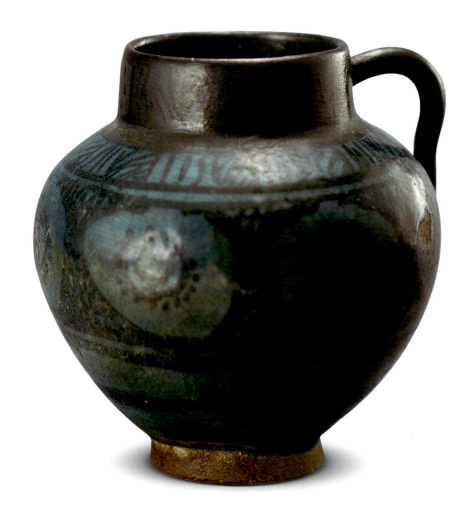

釉陶壶
Glazed Ceramic Pitcher

*

公元 1200 - 1300 年
1200 A.D. - 1300 A.D.

高 14 厘米、直径 12.5 厘米
Height 14 cm, Diameter 12.5 cm

叙利亚大马士革国家博物馆藏
National Museum of Damascus

　　此釉陶壶宽口，圆腹，小底，单把手。壶身饰有多条腰线,并绘有
圆形花卉图案。

彩绘釉陶碗
Painted Glazed Pottery Bowl

*

公元 1300 年
1300 A.D.

高 10 厘米、直径 20 厘米
Height 10 cm, Diameter 20 cm

叙利亚大马士革国家博物馆藏
National Museum of Damascus

　　此彩绘釉陶碗绘有多种不同的花式图案，并描有黑色线条，局部施有蓝釉。碗底有八角形状的花的图案，中间为十字架图案，多处已修复。

釉陶盘

Ceramic Plate

*

公元 1300 年 - 1400 年

1300 A.D. - 1400 A.D.

高 7.5 厘米、直径 27 厘米

Height 7.5 cm, Diameter 27 cm

叙利亚大马士革国家博物馆藏

National Museum of Damascus

此釉陶盘保存基本完好。施以黑色和透明蓝色釉，带有半几何图
形的图案。

伊斯兰式单耳釉陶壶
Islamic Single Handled Ceramic Pitcher

*

公元 1300 年 - 1400 年
1300 A.D. - 1400 A.D.

高 22 厘米、直径 17 厘米
Height 22 cm, Diameter 17 cm

叙利亚大马士革国家博物馆藏
National Museum of Damascus

　　此釉陶壶为低温烧制而成的粗陶材质，窄口，收肩，圆腹，小底，单把手。其整体造型简洁质朴，又不乏装饰性。器身中下部较为光滑，上部装饰阿拉伯文书法，可能为模具压制而成。此类型的器皿通常是作为盛水器使用。

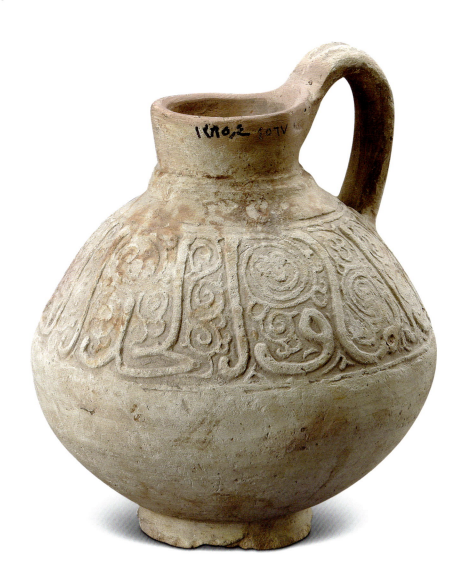

梨状陶球
Pear-shaped Clay Ball

*

公元 1300 - 1400 年
1300 A.D. - 1400 A.D.

高 11.1 厘米、直径 8.9 厘米
Height 11.1 cm, Diameter 8.9 cm

叙利亚大马士革国家博物馆藏
National Museum of Damascus

此梨状陶球，也为一种武器（炸弹）。球体刻有阿拉伯文字。

黑线条纹釉陶碗
Ceramic Bowl with Black Lines

*

约公元 1300 - 1400 年
Circa 1300 A.D. - 1400 A.D.

高 24.5 厘米、直径 11.3 厘米
Height 24.5 cm, Diameter 11.3 cm

叙利亚大马士革国家博物馆藏
National Museum of Damascus

此釉陶碗保存完好。饰有白色圆圈、类似半花瓣状并描有黑线条
的图案，构思独特。

波斯锦
Persian Brocade

*

公元 18 世纪
18th Century A.D.
长 40.2 厘米、宽 14.6 厘米
Length 40.2 cm, Width 14.6 cm
伊朗
Iran
日本平山郁夫丝绸之路美术馆藏
Hirayama Ikuo Silk Road Museum

　　常出现在萨法维王朝丝绸织物中的这种灵动花纹，都是以侧面的形态来展现那些根植于大地的花草与树木。其中有延续了自古以来的传统，以垂直的树干或茎为中心轴呈左右对称状的纹样，也有形状弯曲，顶端向左右任一侧倾斜等左右不匀称的纹样。它们经常与鸟或蝴蝶等图案搭配出现，营造出一种悠然祥和的人间乐园景象。

波斯锦
Persian Brocade
*

公元 18 世纪
18th Century A.D.
长 40.8 厘米、宽 27.8 厘米
Length 40.8 cm, Width 27.8 cm
伊朗
Iran
日本平山郁夫丝绸之路美术馆藏
Hirayama Ikuo Silk Road Museum

海上丝路
Maritime Silk Road

　　海上丝绸之路途经东亚、东南亚、南亚、西亚各国，抵达非洲东部、北部、红海沿岸以及欧洲，是古代世界重要的交通贸易和文化交往的海上渠道。因从中国输出的物品多为丝绸、瓷器、茶叶，从海外运至中国的货物多以香料和珠宝为主，所以海上丝绸之路又被称为"陶瓷之路"、"香料之路"或"茶叶之路"。

　　Extending as far away as Eastern Africa, North Africa, Red Sea Coast and Europe via East Asia, Southeast Asia, South Asia and West Asia, the Maritime Silk Road was an important maritime route for transportation, trade and cultural exchanges in the ancient world. With the goods from China mainly being silks, porcelains and tea leaves, and the goods from the West spices and jewelry, the Maritime Silk Road came down as "Ceramics Road", "Spice Road" and "Tea Road".

青瓷碗
Celadon Bowl

*

公元 13 世纪
13th Century A.D.
直径 21.2 厘米、底径 5.41 厘米、高 9 厘米
Diameter 21.2 cm, Bottom diameter 5.41 cm, Height 9 cm
阿拉伯联合首长国迪巴希森
Dibba al Hisn, United Arab Emirates
阿拉伯联合首长国沙迦考古总机构藏
Sharjah Archaeology Authority

　　青瓷碗，已修复。公元 13 世纪从中国龙泉进口而来，是当时海上丝绸之路贸易的热销商品。

青瓷碟
Celadon Dish

*

公元 15 世纪
15th Century A.D.

直径 34.5 厘米、底径 19 厘米、高 7 厘米
Diameter 34.5 cm, Bottom diameter 19 cm, Height 7 cm

阿拉伯联合酋长国豪尔费坎
Khor Fakkan, United Arab Emirates

阿拉伯联合酋长国沙迦考古总机构藏
Sharjah Archaeology Authority

青瓷碟，已修复。公元 15 世纪从缅甸进口而来，是当时海上丝绸之路贸易的热销商品。

青花盘
Blue and White Dish

*

公元 16 世纪
16th Century A.D.
直径 33 厘米、底径 17.2 厘米、高 6.1 厘米
Diameter 33 cm, Bottom diameter 17.2 cm, Height 6.1 cm
阿拉伯联合酋长国豪尔费坎
Khor Fakkan, United Arab Emirates
阿拉伯联合酋长国沙迦考古总机构藏
Sharjah Archaeology Authority

　　青花盘，已修复。公元 16 世纪从中国景德镇进口而来，是当时海
上丝绸之路贸易的热销商品。

釉陶杯

Beaker

*

后祖尔法时期

Post Julfar

高 15 厘米、直径 7 厘米、圈足直径 7.05 厘米、圈足高 1.05 厘米

Height 15 cm, Diameter 7 cm, Diameter of ring foot 7.05 cm, Height of ring foot 1.05 cm

阿拉伯联合酋长国拉斯海马国家博物馆藏

National Museum of Ras Al Khaimah

　　此釉陶杯杯身材质为白陶，表面施铅釉烧制而成的蓝绿色釉料。底部圈足较高，修整不齐；杯腹下部略鼓，上部釉料呈纯净蓝绿色、略带光泽；杯身上还留有轮制拉坯制作的纹线，整体呈现出一种民艺美。

郑和《布施锡兰山佛寺碑》拓片
Rubbing of Galle Trilingual Inscription Installed by Zheng He

*

2014 年 5 月
May 2014
高 150.5 厘米、宽 79 厘米
Height 150.5 cm, Width 79 cm
南京博物院藏
Nanjing Museum

　　郑和《布施锡兰山佛寺碑》是由中国明代著名航海家、外交家、率领船队七次下西洋的郑和在访问斯里兰卡时竖立。斯里兰卡古称锡兰山国，是海上丝绸之路贸易中枢。

　　此碑是郑和第二次下西洋前在明朝首都南京刻制。碑上刻有中文、泰米尔文和波斯文三种文字，分别是郑和代表明朝皇帝向佛教、印度教、伊斯兰教神灵的祈愿和供养。反映了海上丝绸之路上不同族群、语言和宗教文化共存的现象，也体现了古代中斯两国人民不远万里的友好交往。

克什米尔披肩
Kashmir Shawl

*

公元 19 世纪
19ᵗʰ Century A.D.

长 172 厘米、宽 178 厘米
Length 172 cm, Width 178 cm

印度
India

日本平山郁夫丝绸之路美术馆藏
Hirayama Ikuo Silk Road Museum

克什米尔披肩是一种由印度西北部克什米尔地区的优质山羊毛精密纺织后浸染各种颜色，并纺织出复杂花色的高级羊毛织物。它深受莫卧儿王朝王族们的喜爱，自西欧各国与印度展开贸易往来起，便也深受欧洲人民的喜爱，出口数量一时无两。佩斯利图案还成了风靡一时的欧洲披肩专用纹样。

克什米尔披肩的上下边缘处，装饰着五颜六色的流苏，它既可以将披肩上的图案隔开，又能使披肩看起来更加华丽精美。

克什米尔披肩
Kashmir Shawl

*

公元 19 世纪
19th Century A.D.

长 290 厘米、宽 130 厘米
Length 290 cm, Width 130 cm

印度
India

日本平山郁夫丝绸之路美术馆藏
Hirayama Ikuo Silk Road Museum

　　到了锡克教时期（19世纪前半叶），佩斯利花纹从种类繁多的花纹样式中脱颖而出，成为一种独具特色的图案样式。被称作植物集合体的原始风格不复存在，轮廓也被平滑的曲线包围，并不断地走向抽象化的道路。

　　在早期的披肩样式中，中央大块矩形部分是素色的，后来渐渐开始对边缘部分或四个角进行了装饰。四个角的花纹多为刺绣物。这件披肩，无论是编织还是刺绣，都被施以了极为精巧的制作技法。

结　语

　　历史上的亚洲各文明各美其美，互通有无，今日的亚洲各民族文化多元，包容互鉴。在历史的启迪和现实的昭示中，我们倡导以多样共存超越文明优越，以和谐共生超越文明冲突，以交融共享超越文明隔阂，以繁荣共进超越文明固化，共同谱写美美与共、和谐共生的文明华章。

　　站在新的历史起点，传承弘扬亚洲璀璨辉煌文明成果，在根脉相通的基础上进行新的文明对话，必将汇聚起构建亚洲命运共同体、开创亚洲新未来的强大力量。

Conclusion

　　Each Asian civilization in history has its distinct features and advantages, needs each other and complement each other. Today's Asian nations are culturally diverse, inclusive and learn from each other. Inspired by historical experience and real needs, we uphold the concept of diversified, harmonious and inclusive coexistence instead of the theory of civilization supremacy, civilization clash and civilization segregation. We also are committed to seeking common progress and prosperity by breaking down constraints of solidified civilizations, jointly writing a new civilized chapter of harmonious coexistence and development of human beings.

　　Standing at a new starting point, we will continue to carry on and promote the resplendent achievements of Asian civilizations and promote new dialogues among civilizations based on common cultural roots and shared visions of development. We are committed to working together with all the countries to forge a community with a shared future for Asia and build a better world for all.

鸣谢 / ACKNOWLEGEMENT

参展单位
Exhibitors

柬埔寨王国
The Kingdom of Cambodia
*
柬埔寨国家博物馆
National Museum of Cambodia

日本国
Japan
*
平山郁夫丝绸之路美术馆
Hirayama Ikuo Silk Road Museum

黎巴嫩共和国
The Lebanonese Republic
*
黎巴嫩文物局
Directorate General of Antiquities - Lebanon

巴基斯坦伊斯兰共和国
The Islamic Republic of Pakistan
*
巴基斯坦考古与博物馆司
Department of Archaeology and Museums, Government of Pakistan

阿拉伯叙利亚共和国
The Syrian Arab Republic
*

叙利亚大马士革国家博物馆
National Museum of Damascus

阿拉伯联合酋长国
The United Arab Emirates
*

阿拉伯联合酋长国乌姆盖温国家博物馆
National Museum of Umm Al Qwain
阿拉伯联合酋长国拉斯海马国家博物馆
National Museum of Ras Al Khaimah
阿拉伯联合酋长国沙迦考古总机构
Sharjah Archaeology Authority

中华人民共和国
The People's Republic of China
*

南京博物院
Nanjing Museum